本书是云南省科技厅—昆明医科大学应用基础研究联合专项项目"云南省计划生育特殊困难家庭养老需求与对策研究"（2017FE468-018）的最终成果；是健康云南智库建设成果；是昆明医科大学"十三五"校级学科建设项目公共管理一级学科建设成果。

暮年不留余悲

——基于云南省计划生育特殊困难家庭的养老需求与对策研究

邓睿　白露露　刘慧群　著

云南大学出版社

图书在版编目（CIP）数据

暮年不留余悲：基于云南省计划生育特殊困难家庭的养老需求与对策研究 / 邓睿，白露露，刘慧群著. --
昆明：云南大学出版社，2020
ISBN 978-7-5482-3791-4

Ⅰ.①暮… Ⅱ.①邓… ②白… ③刘… Ⅲ.①计划生育—工作—云南②贫困—家庭—养老—社会服务—研究—云南 Ⅳ.①C924.257.4②D669.6

中国版本图书馆CIP数据核字(2019)第210685号

策划编辑：赵红梅
责任编辑：王　颖
封面设计：王婳一

暮年不留余悲

邓睿　白露露　刘慧群 ◎ 著

——基于云南省计划生育特殊困难家庭的养老需求与对策研究

出版发行：	云南大学出版社
印　　装：	云南金伦云印实业股份有限公司
开　　本：	889mm×1194mm　1/32
印　　张：	6.75
字　　数：	168千
版　　次：	2020年5月第1版
印　　次：	2020年5月第1次印刷
书　　号：	ISBN 978-7-5482-3791-4
定　　价：	36.00元
地　　址：	昆明市一二一大街182号（云南大学东陆校区英华园内）
邮　　编：	650091
电　　话：	（0871）65031070　65033244
E - mail：	market@ynup.com

本书若发现印装质量问题，请与印厂联系调换，联系电话：0871-64120080。

序

"养老"是一个既久远又现代的话题。说其"久远",是说养老问题是与人类社会发展相伴而生的,自有了人类就有了老、壮、青、幼年龄结构,也就同时有了养老问题。几千年间,养老问题一直被限定在家庭层面。说其"现代",是现在老年人口数量日益增长并达到一定规模,养老问题日益突出并冲出家庭进入社会,成为社会和政府的关注热点。1956年联合国《人口老龄化及其社会经济后果》确定,当一个国家或地区65周岁及以上老年人口数量占总人口比例超过7%时,即可判定这个国家或地区进入老龄化。1982年维也纳老龄问题世界大会确定,60周岁及以上老年人口占总人口比例超过10%,意味着这个国家或地区进入严重老龄化。人口老龄化是一个现代概念,出现至今不到百年。

老年人或者人的老年期是个体生命过程的一个必经阶段,由此参与构成了一个人从出生到成长再到衰老直至最终死亡整个生命的完整过程。由此看,根本上讲老龄阶段与出生、成长、死亡等生命阶段别无二致,老年人或者人的老年期,只是一个人的生命必然要经历的一个阶段而已。

就生命个体而言,一个人从出生到长大、由老到死具有不可抗力,是不可逆转的自然规律。与个体生命规律不同的是,在一定条件下,如普遍性的战乱、饥荒以及政策干预,老龄化发展规律是可以加速、滞后甚至发生逆转的。

正是基于这一人口发展规律以及对其的理解,我国政府自20世纪70年代末通过行政手段大力推行计划生育,以缓解过快增长的人口数量对经济、社会、资源、环境造成巨大压力。"提倡一对夫妇只生育一个孩子"的独生子女政策,作为我国计划生育政策体系的主体或主导,就是在这样的历史条件下提出的。

1980年9月25日《中共中央关于控制我国人口增长问题致全体共产党员共青团员的公开信》(后称《公开信》)中说:"建国以来,由于卫生工作的进步和人民生活条件的改善,人口死亡率尤其婴儿死亡率大大降低,寿命大大延长。但是,我们长期对人口出生率没有适当控制,致使人口增长过快。旧中国从一八四〇年到一九四九年的一百零九年中,全国只增加人口一亿三千万。而中华人民共和国建立以后的三十年中,出生了人口六亿多,除去死亡,净增四亿三千多万人。人口增长得这样快,使全国人民在吃饭、穿衣、住房、交通、教育、卫生、就业等方面,都遇到越来越大的困难,使整个国家很不容易在短时间内改变贫穷落后的面貌。尤其严重的是,我国人口在一九六三年到一九七〇年这一段时间增加得最快,现在三十岁以下的人,约占全国人口总数百分之六十五,今后每年平均将有二千多万人进入结婚生育期。如果不从现在起用三四十年特别是最近二三十年的时间普遍提倡一对夫妇只生育一个孩子,控制人口的增长,按目前一对夫妇平均生二点二个孩子计算,我国人口总数在二十年后将达到十三亿,在四十年后将超过十五亿。这将会大大增加实现四个现代化的困难，造成人民的生活很难有多少改善的严重局面。"

《公开信》进一步分析："人口增长过快，人民生活水平很难提高。拿粮食供应来说，要保证城乡人民的口粮、工业用粮和其他用粮，将来每人每年平均用粮最少应该达到八百斤。如果多生一亿人口，就必须多生产八百亿斤粮食。现在我国每人平均大约两亩耕地，如果增加到十三亿人口，每人平均耕地将下降到一亩多。在目前条件下，在这样少的土地上，要生产出每人平均八百斤粮食，还要生产出足够数量的经济作物，是相当困难的。此外，人口增长过快，不但为就学就业增加困难，还会使能源、水源、森林等自然资源消耗过大，加重环境污染，使生产条件和人民生活环境变得很坏，很难改善。"

《公开信》给出的明确结论是："解决这一问题的最有效的办法，就是实现国务院的号召，每对夫妇只生育一个孩子。"

同时，《公开信》中也预见性地提出了独生子女政策可能带来的一些问题，例如人口的平均年龄老化，劳动力不足，男性数目会多过女性，一对青年夫妇供养的老人会增加等，但也一一提出了应对之策。

其中，特别说到人口老龄化及养老问题："人口'老化'的现象在本世纪不会出现，因为目前全国人口约有一半在二十一岁以下，六十五岁以上的老年人不到百分之五。老化现象最快也得在四十年以后才会出现。我们完全可以提前采取措施，防止这种现象发生。""实行一对夫妇只生育一个孩子，到四十年后，一些家庭可能会出现老人身边缺人照顾的问题。这个问题许多国家都有，我们要注意想办法解决。将来生产发展了，人民生活改善了，社会福利和社会保险一定会不断增加和改善，可以逐步做到老有所养，使老年人的生活有保障。尊敬老人、爱护老人、供养老人，使他们过好晚年，是子女应该担负的责任，也是我们社会的优良传统。"

《公开信》看到了一对夫妇只生育一个孩子的"四二一"家庭的养老问题，没有提到独生子女家庭的高风险以及"失独"后的"四二〇"家庭和"残独"①家庭的养老问题，还有"残独"自身的生活及以后的养老问题。

"死人的事情是天天发生的……""黄泉路上无老幼。"独生子女自难躲避死亡或伤残或病障的发生。与其他家庭发生的"生老病死"所不同的是，独生子女因其"独"而风险极高，因其"独"而无可替代，因其"独"而无法弥补。

为寻求弥补，政府出台了政策措施，有关部门提供了相应服务，如为"失独"父母免费提供输卵管复通和输精管复通技术服务，但成功率十分有限。因自身条件变化、技术水平高低甚至环境因素影响，生育力不是想恢复就能够恢复的。后来虽有通过冷冻卵子、冷冻精子实现生育力保存的技术，但对于做了"结扎"的育龄群体，已是为时晚矣。更者，在"结扎"前就先做个生育力保存（备份），也有悖于当时实行独生子女公共政策的初心和政策伦理。

---

① "残独"家庭，或称"独残"家庭，指独生子女发生伤残且未再生育、收养子女的计划生育家庭。

该来的总会来，不以人的意志而转移。目前，全国的"失独"家庭规模已逾百万，且还正在以每年数以万计的速度增加。国家政策将这个群体界定为"计划生育特殊家庭"。"特殊"就特殊在这个群体曾是计划生育特别是独生子女政策的积极响应者和认真践行者，他们的贡献已载入共和国史册：实行计划生育以来全国少生4亿人，有效降低了过快的人口增长，缓解了人口增长过快引发的就业、医疗、教育、经济等社会压力。还特殊在同是步入老年和养老，却有着与普通家庭的老人和养老不一样的困难和需求，这困难首先来自于经济贫困，又不止于经济贫困，处于物质和精神的双重贫困中。

为了妥善解决这个群体的养老问题，国家及各级政府制定了计划生育特殊家庭扶助政策，建立了计划生育特殊家庭扶助制度。综观这些政策和制度，问题主要集中在经济扶助力度太小，少有生活照护、精神慰藉。

《暮年不留余悲——基于云南省计划生育特殊困难家庭的养老需求与对策研究》是一部理论与实践结合的计划生育特殊困难家庭实证研究成果。人生几度凄凉，最是暮年孤独。经过研究证实，计划生育特殊困难家庭并不需要同情和怜悯，他们有时只是需要不被遗忘、被尊重和得到安全感、幸福感以及获得自我价值的实现。社会应对计划生育特殊家庭存有感恩之心，感恩他们在特定历史条件下，做出的特殊贡献；存有敬慕之心，敬慕他们响应党和政府号召的义无反顾，无怨无悔；存有关爱之心，理解、关怀他们养老的艰辛，在不断出台的各种普惠福祉政策中真正体现对计划生育特殊困难家庭的优先、优惠、优待。这是我作为第一读者看过《暮年不留余悲——基于云南省计划生育特殊困难家庭的养老需求与对策研究》的强烈感悟。

是为序。

(昆明医科大学公共卫生学院院长)

2019 年 6 月

目 录

第一章　追溯一段生育的历史　　　　　　　　　　1
　一、研究背景　　　　　　　　　　　　　　　　1
　二、研究内容　　　　　　　　　　　　　　　　7
　三、研究意义　　　　　　　　　　　　　　　　8
　四、研究逻辑框架　　　　　　　　　　　　　　12
　五、研究方法　　　　　　　　　　　　　　　　13

第二章　那些关于"家"的政策和理论　　　　　　17
　一、计划生育政策回眸　　　　　　　　　　　　17
　二、计划生育特殊困难家庭的17年研究历程　　　32
　三、本研究的理论依据　　　　　　　　　　　　37

第三章　一切从"家"说起　　　　　　　　　　　47
　一、有关家庭的概念界定　　　　　　　　　　　47
　二、走进他们的家　　　　　　　　　　　　　　52

第四章　"困难"的解读　　　　　　　　　　　　56
　一、困难的泛化含义　　　　　　　　　　　　　56
　二、困难的多维界定与识别　　　　　　　　　　57

第五章　家庭骤变和多重困难的形成　　　　　　　64
　一、社会变迁中国家庭结构的改变　　　　　　　65

二、变迁中的计划生育特殊困难家庭　　　　　　67
三、悄然改变的生活　　　　　　　　　　　　　82
四、扛不起的家庭经济负担　　　　　　　　　　103
五、无法抚平的心理创伤　　　　　　　　　　　113
六、计划生育特殊困难家庭中的"男女有别"　　121
七、暮年的悲泣和担忧　　　　　　　　　　　　133

第六章　她和他们的故事　　　　　　　　　　　　138
一、"昆明好人"王兰兰的故事　　　　　　　　138
二、"失独者之家"的形成　　　　　　　　　　140
三、失独者之外的另一群体　　　　　　　　　　142
四、共同体的建立及其功能　　　　　　　　　　145
五、抵御困苦的远端防御　　　　　　　　　　　148
六、照护形成的衍生力量　　　　　　　　　　　150

第七章　风烛残年，谁让我依靠　　　　　　　　　155
一、计划生育特殊困难家庭养老的经济需求　　　155
二、计划生育特殊困难家庭养老的社会保障需求　157
三、计划生育特殊困难家庭养老的心理需求　　　158
四、计划生育特殊困难家庭养老的医疗需求　　　161
五、计划生育特殊困难家庭养老的方式需求　　　164
六、计划生育特殊困难家庭的性与生殖健康需求　174

第八章　为他们搭建一个"家"　　　　　　　　　177
一、基于困难和需求的政策建议　　　　　　　　177
二、计划生育特殊困难家庭养老模式设计　　　　187

参考文献　　　　　　　　　　　　　　　　　　　191

第一章 追溯一段生育的历史

一、研究背景

计划生育是我国的一项基本国策,其要义是提倡晚婚晚育、少生优生、控制人口的数量。我国从 20 世纪 70 年代末期开始实行计划生育政策,1982 年 3 月 13 日计划生育被定为我国的一项基本国策。2001 年 12 月 29 日,《中华人民共和国人口与计划生育法》于第九届全国人民代表大会常务委员会第二十五次会议通过,自 2002 年 9 月 1 日起施行,自此计划生育纳入依法管理的轨道。2015 年 12 月 27 日,根据第十二届全国人民代表大会常务委员会第十八次会议的决定对《中华人民共和国人口与计划生育法》进行了修改。

(一)计划生育,人口控制与发展

自计划生育政策执行以来,我国人口快速增长的势头得到了有效控制,据原国家计划生育委员会的专家论证,1971 年至 1998 年间因计划生育的开展而减少了累计达 3.38 亿的出生人数,[1] 到 2005 年底全国已少生了 4 亿多人,[2] 创造了世界人口发展史上的

---

[1] 杨魁孚,陈胜利,魏津生. 中国计划生育效益与投入[M]. 北京:人民出版社,2000.

[2] 张维庆. 以人的全面发展统筹解决我国人口问题——关于人口热点问题的问与答[J]. 求是,2006(9):12–14.

奇迹。不可否认，计划生育为中国经济和社会的快速发展做出了巨大贡献。首先，我国计划生育政策的实施有效降低了过快的人口增长率，缓解了人口增长过快引发的就业、医疗、教育、经济等社会压力；其次，计划生育政策包括"优生优育"，促进社会采取积极措施，预防出生缺陷的发生，提高了我国人口素质。此外，计划生育的实施也从不同程度上促进了人们婚姻、生育和家庭观念的转变，"多子多福""重男轻女"等传统观念逐渐被"少生优生""生男生女都一样""女儿也是传后人"等新型生育观念取代。同

图1：《人口与计划生育法》于2001年12月29日通过中华人民共和国第九届全国人民代表大会常务委员会第二十五次会议审议通过，自2002年9月1日起施行。共七章四十七条。

时，我国政府在推行计划生育政策的过程中对妇女和儿童健康给予了高度关注，不仅大幅度提高了育龄妇女生殖健康服务的可及性，也有效预防了妇女因为生育而引发的死亡或并发症。特别是计划生育优质服务提出后，计划生育从以控制人口数量为重心转变到以人的全面发展为核心，有效地扭转了整个社会对计划生育的刻板印象，实现了计划生育管理服务由粗放到规范的升级转化，更多关注服务对象的需求，大大拓宽了服务范畴，促进了人和社会的协同发展。2009年国际计划生育联合会执行主任吉尔·格里尔评价中国计划生育政策时指出："中国近年来取得了非凡的经济和社会发展成就，而中国的人口政策无疑为此做出了巨大

贡献。"①

(二) 问题显现,"唯一"带来的风险

尽管计划生育政策的实施促进了人口和社会多方面的发展,但一个沉重且无法回避的社会现实也逐渐突显,在1979—2016年间,计划生育主要以独生子女政策为主导,这一时期我国集中出现了数量庞大的独生子女家庭②,也由此产生了具有一定规模的独生子女死亡或病残的"不完整"家庭,即计划生育特殊困难家庭③。学者易富贤在其论著《大国空巢——走入歧途的中国计划生育》④中根据人口普查数据所统计的每年出生人口数推算,1975—2010年间我国产生了2.18亿个独生子女家庭,并由此预测,到2035年会有1000万"失独"家庭产生。因意外、疾病等原因造成独生子女死亡、伤残的家庭比例在不断增加。

独生子女家庭本身就是高风险家庭,风险就在于其唯一性。北京大学人口所穆光宗认为:如果独生子女家庭本质上是风险家庭,那么以独生子女人口为主体的社会本质上就是风险社会。主要涉及九个层面的风险:对独生子女来说,包括成人风险、成材风险、婚姻风险和养老风险;对独生子女家庭来说,包括儿女养老风险、结构缺损风险;对独生子女社会来说,包括发展风险、

---

① 新华社. 中国人口政策功在千秋[N/OL]. 中央政府门户网站 www.gov.cn.(2009-09-30)[2019-02-06]http://www.gov.cn/test/2009-09/08/content_1411703.htm.

② 这一时期的独生子女家庭特指在计划生育政策规定下,一对夫妻一生仅生育了一个孩子,且依法领取了独生子女证的家庭。

③ 计划生育特殊困难家庭特指在实施"独生子女"政策后,独生子女发生死亡或残障的家庭,其界定详见本书第二部分。

④ 易富贤. 大国空巢——走入歧途的中国计划生育[M]. 北京:中国发展出版社,2013.

国防风险和责任风险。① 穆光宗同时指出,国家通过有效控制人口增长,化解了人口爆炸的风险,却不期然地将诸多风险转嫁到了独生子女家庭的身上。这些家庭可因独生子女死亡或伤残造成结构上的缺损,也使得年迈的父母成为更加弱势的群体,这种因政策引发的改变在一定程度上和一定范围内都会对家庭、社会的稳定性和和谐度造成深刻影响。②

(三)养儿防老,我们将如何老去

2018年,中国人事科学研究院院长余兴安在金融街论坛上表示,在人口总体增长的情况下,我国人口老龄化与劳动力队伍中年化的时代已经到来。同时,根据国家统计局相关数据,预计到2050年前后,中国老年人口将接近5亿,2030年前后将是中国老龄化人口加速发展的时期,我国将面临巨大的养老危机。与此同时,我国从20世纪70年代末期实行"一孩"政策以来,至今已有40年,第一代独生子女的年龄已达40岁,其父母也已成为老龄人口,第一代独生子女家庭养老照护的供需矛盾日益凸显。

在几何学里,三角形是最为稳固的形状,但当三角形失去一个支点,这个三角形就面临坍塌。在现实生活中,独生子女家庭也如同一个三角形,看似稳固,但也容易发生坍塌,一个支点的坍塌就是整体的坍塌,尤其是当独生子女出现变故之后,整个家庭的稳定性已然发生了动摇。在传统居家养老方式占据主流的中国,"养儿防老"的依托在独生子女家庭中本已弱化,倘若独生子女再出现"缺位",依靠子女的居家养老照护则成为镜花水月,其

---

① 穆光宗."独生子女"风险论[J].绿叶,2009(8):30-35.
② 穆光宗.独生子女家庭的权益保障与风险规避问题[J].南方论丛,2009(3):14-21.

父母还需同时面临经济、心理、社会适应等多种压力,随着年岁增长,这些家庭的养老需求更为迫切,老人们面临的困难也更需加快应对。独生子女政策在我国推行计划生育的历史进程中执行了30余年,在全世界没有可借鉴和比较的国家案例,它是我国政府应对当时"人口爆炸"所采取的超常举措。因独生子女引发的某些社会问题往往也始料不及,需要不断探索、研究。

(四)全面二孩,问题依旧继续

2015年12月27日,全国人大常委会审议通过了修订后的《中华人民共和国人口与计划生育法》,宣布了"全面二孩"政策于2016年1月1日起正式实施,这也意味着特定历史时期的"独生子女"政策将退出舞台。"全面二孩"政策的出台,既符合未来中国人口发展的趋势,也顺应了当前大部分民众的生育意愿,有利于解决中国人口老龄化、劳动年龄人口逐年减少以及养老等诸多严峻的现实问题。但作为前期政策的产物,数量庞大的独生子女群体仍将在相当长的一段时期内存在并影响中国的社会生活,因独生子女死亡或病残形成的计划生育特殊困难家庭也将在一定时期内持续增多。

目前学术界缺乏统一的统计口径对计划生育特殊困难家庭进行测算,目前有的数据主要针对的是"失独"家庭。根据第六次人口普查的统计数据,我国30~64岁的"失独"母亲为67万人,"失独"家庭为66万户。但周伟等推算出的全国"失独"家庭在2010年就已累计达241.26万户①,基于辜子寅的推算,2010年

---

① 周伟,米红.中国失独家庭规模估计及扶助标准探讨[J].中国人口科学,2013(5):2-9.

我国"失独"家庭也已超过百万，达177.8万户。① 因此据估计，我国现有"失独"家庭的数量实际上应已超过了100万，并且每年将以7.6万户的速度增长。王广州等将"40岁以上现有一孩且仅有一孩和曾有一孩现无孩的妇女"作为研究对象，以1990年第四次全国人口普查数据为主，2000年第五次全国人口普查数据为辅对全国独生子女伤残、死亡的母亲数量进行规模统计和测算，结果显示，49岁以上伤残独生子女的母亲数量将在2017年达到峰值，峰值规模为40万左右；49岁以上死亡独生子女的母亲数量将在2038年达到峰值，峰值规模为110万左右。②

云南省对这一类特殊家庭的统计数据也缺乏统一标准，不同政府部门的统计数据并非完全一致。总体上，政府部门的统计依据有三：一是女性年龄；二是家庭领取独生子女证的情况；三是独生子女伤残或死亡后领取扶助金的情况。据相关部门统计，截至2018年，云南全省累计登记在册的计划生育特殊困难家庭有1.9万户（女性年龄超过49岁的约为1.8万人），其中独生子女死亡家庭1.3万户，独生子女伤残家庭6000余户。从地区分布看，计划生育特殊困难家庭多集中在昆明市，合计5000多户，其次为红河州和楚雄州，三个州市的合计家庭数占全省的50%。

由此可见，无论是全国还是云南省，计划生育特殊困难家庭的数量已形成一定规模，但现有官方统计数据大多仅是以领取扶助金的家庭数测算得出，远不及实际存在的计划生育特殊困难家庭数。我国第一代独生子女的父母已步入老年，若其独生子女因死亡、伤残、疾病而未能履行"养老送终"的责任，这些父母的养

---

① 辜子寅. 我国独生子女及失独家庭规模估计——基于第六次人口普查数据的分析[J]. 常熟理工学院学报，2016(1)：83-89.

② 王广州，郭志刚，郭震威. 对伤残死亡独生子女母亲人数的初步测算[J]. 中国人口科学，2008(1)：37-43.

老需求将不再是一个家庭的内部事务,而是全社会的责任和义务。在全面放开"二孩"的政策背景下,如何重新审视独生子女政策所遗留的后续问题,值得进一步关注和深入思考,这既是一个人口问题、家庭问题,更是一个社会保障问题。

二、研究内容

我国自古以来就有重视家庭和家庭养老的传统文化,崇尚孝道,"养儿防老"等观念有根深蒂固的影响。如今,在独生子女政策影响下出现了大批"失独"、独生子女伤残的家庭,这些家庭父母的养老问题与传承了几千年的中国"家庭观"和"养老观"产生悖逆,新的需求和挑战日趋凸显。本研究以计划生育特殊困难家庭为主要研究对象,一是要厘清计划生育及其相关政策的发展脉络,分析国内外特殊困难家庭的养老保障制度和管理经验;二是深入了解不同家庭的生活状况和现实困境;三是合理解读这些困境家庭中父母的养老观念和需求;四是分析这些需求与现有政策执行中的差距,从而提出可行的对策建议和养老模式,优化对计划生育特殊困难家庭的帮扶路径。鉴于此,本研究的研究内容包括了理论和实证研究两部分。

(一) 理论研究

虽然目前国外尚未有成熟的、可供借鉴的,且专门针对计划生育特殊困难家庭的养老模式,但不同国家的诸多学者已在老龄化、养老模式、家庭结构、家庭保健等领域积累了丰富的研究经验,并逐步形成了一些较为成熟的理论和养老保障模式,例如家庭生活周期理论,以及功能型社区养老、机构养老和互助养老等。在本研究中,课题组首先借鉴了家庭系统理论、家庭功能理论、社会支持理论和社会融合理论对计划生育特殊困难家庭存在的突出问题进行了分析和探讨，并透过国内外学者提出的一些分析视角和观点，如社会性别、共同体、照护伦理等对这些家庭凸显的特殊性进行了阐释。最后，通过对国内外已有的养老模式进行系统梳理和比较分析，并结合中国的实际情况，提出可行的对策建议和政策完善思路。

（二）实证研究

任何理论的实际应用都必须考虑应用地的社会、政治、经济和文化发展水平，以及人们的现实需求。因此本研究的重要内容之一就是对云南省计划生育特殊困难家庭开展调查并进行需求评估，通过家庭功能测评以及深入的田野调查，探寻和获取有关这些家庭的生活状况、健康状况、家庭关系、社会关系，以及这些家庭成员的养老计划、面临的困难、其可利用于养老的社会资源等一手数据资料，进而依托理论和现有政策进行合理的研判，提出或进一步完善计划生育特殊困难家庭的养老保障机制，促进云南省计划生育工作和养老事业的切实发展和开拓创新。

三、研究意义

家庭是以婚姻和血统关系为基础的社会基本单位。在不同的社会和历史阶段，家庭的关系、结构和功能都有所不同。计划生育政策作为中国的一项基本国策，在特定历史时期采取的"一孩"策略，有效地缓解了人口过快增长对资源和环境造成的压力，促进了经济发展和社会进步，但与此同时，众多独生子女家庭，尤其是出现独生子女死亡或病残的家庭，以及由此造成的问题和新的压力不容小觑，对这些家庭进行研究具有重要的意义。

（一）历史意义：从"家庭"的视角总结过去

在社会学中，"家庭"可分为核心家庭、主干家庭、联合家庭和其他家庭四大类。[①] 不同人口组合和成员之间的关系构成了不同家庭的类型（结构）。在封建社会，中国的家庭类型主要以世代豪门的联合家庭和庶民百姓的直系二、三代小家庭为主。新中国成立后，由于一系列经济社会文化的变革，联合式大家庭逐渐解体，核心小家庭比例上升，家庭户均人口数由1947年的5.35下降至1987年的4.22。[②] 尤其是20世纪70年代末实行独生子女政策为主导的计划生育后，中国人口的增长率显著降低，家庭的生育功能明显减弱，家庭结构更趋向于小型化。据20世纪80年代初一些学者对中国家庭的研究报告显示，我国核心家庭规模已占总家庭数的66.41%，主干家庭和联合家庭仅有24.79%和2.30%。[③] 我国的"家庭"发展状况已发生明显转变，家庭规模由大变小，家庭类型由联合向核心过渡，并趋于多样化发展，家庭关系也由纵向的亲子关系向横向的夫妻关系偏移，家庭的生产功能也越来越社会化，生产联合体逐步从以血缘为主向以地缘和业缘为基础转移。[④]

计划生育政策是我国的基本国策，这一政策的实施和演变也是基于中国特有国情的变化需要而进行论证和设计的，古今中外

[①] 邓志伟，徐榕. 家庭社会学[M]. 北京：中国社会科学出版社，2001.

[②] 邵秦，胡明霞. 中国家庭结构历史分析[J]. 中国人口科学，1988（4）：44-50，55.

[③] 宋文姬. 中国家庭结构与结构模式变革的思考[J]. 内蒙古农业大学学报（社会科学版），2011（6）：249-250.

[④] 邓伟志，徐新. 当代中国家庭变革动因之探析[J]. 学海，2000（6）：82-86.

都没有可供借鉴的现成经验或模式，它是中国对促进人口与社会经济、环境资源可持续发展而探索出的创新路径和解决方案。在过去几十年间，计划生育政策多次发生转变和调整，以适应不同时期社会和人口发展的需要，因此政策实施过程中的经验、成效和问题也需要不断梳理总结，分析存在问题的同时不断完善更新政策。对计划生育特殊困难家庭的研究，特别是其养老问题的研究，有助于缕析独生子女政策从起始到后期的全过程，从而更加全面的掌握该政策实施后对中国家庭带来的综合影响。

（二）现实意义：从"家庭"的角度探析需求

家庭是社会的基本单元，从来就不是孤立存在的。所以，尽管家庭的各项事务发生在家庭内部，却无法脱离与社会环境的互动、影响，家庭的需求也从一个侧面反映着整个社会的需求。计划生育特殊困难家庭的家庭情况与其他普通家庭有所差异，各方面的需求自然也有所不同，而这些家庭在社会服务体系中处于相对弱势地位，他们的诉求在一定程度上也反映了当前社会困难群体的需求和社会运行中存在的突出矛盾。在人口老龄化形势日趋严峻的背景下，探究这些特殊家庭的养老需求有利于先解决突出的焦点问题，从难点入手，以点到面，逐步优化。

（三）理论意义：从"家庭"的研究丰盈视角

国内外已发展形成了解读不同家庭问题的多学科研究视角和理论模式，但中国特有的独生子女政策的施行所带来的改变不仅仅触及人口数量，更是对家庭规模、结构、代际组合，以及家庭观念和发展的巨大冲击。"失独"家庭和独生子女伤残家庭无疑是计划生育家庭中受影响最深且最需要关注的一类群体，也是因人口政策实施而形成的，逐渐在社会发展进程中显现出来的新的脆弱群体。这些家庭中发生的改变是以往家庭理论中的"未解之谜",原有理论可以成为解密的钥匙和基础,而谜底的揭示也可进一步完善和丰盈理论视角,甚至是为新观点和新理论奠基。

国内对"失独"家庭或独生子女伤残家庭的相关研究,尤其是养老保障问题的研究尚属于起步阶段,研究思路大多是由现状、问题直接转入对策建议,缺乏相应的理论支撑;研究内容多偏重于制度和政策层面的宏观探讨,缺乏细致的深入调查;研究视角虽然多元,但同时也呈现出零散和缺乏系统性的特点,所分析数据各自基于不同口径抽样数据进行推测,参考价值较为有限。因此,进一步对计划生育特殊困难家庭的研究既是对前期研究的有益补充,也是对家庭和弱势群体研究相关理论的完善,更是分析中国计划生育政策及其影响的重要视角。

(四)社会意义:从"家庭"的立场研析未来

学者姚远提出的"血亲价值论"认为,家庭养老是中国主要的养老模式,而家庭养老机制是以血亲价值为原则的,也就是说以血亲关系为价值标准。① 在这样的价值标准下,亲缘关系在中国家庭中占有举足轻重的地位。在中国传统的家庭伦理道德观中,孝道是维系家族的精神支柱,而在传统的孝道中,子嗣的繁衍又在中国家庭中占有重要地位。尽管社会的发展和现代文明使得传统的家庭观念有了较大转变,但在以"居家养老"为主要养老方式的中国,计划生育特殊困难家庭的养老困境和矛盾亟待进行探索和解决。

有学者认为,社会对"失独"家庭的关注度不高、社会组织化

---

① 姚远. 血亲价值论:对中国家庭养老机制的理论探讨[J]. 中国人口科学,2000(6):29-35.

弱、政府帮扶力度低、精神抚慰缺乏都有可能催生形成集体上访事件。计划生育特殊困难家庭是一个在未来一定时期内将不断扩大的群体，首批此类家庭的父母已在养老中面临诸多现实问题，需求、矛盾日益突出，若不能及时化解，势必会影响我国社会秩序的良性运行和和谐社会的构建。[①] 对计划生育特殊困难家庭的研究，不仅能从"家庭"的立场分析他们的需求，回顾和梳理计划生育帮扶、养老保障等相关政策，更能提出以他们需求和困境为依据的对策和建议，为政府未来决策、综合施策提供参考，为构建和完善新时期的养老服务体系提供依据。

四、研究逻辑框架

本研究旨在了解云南省计划生育特殊困难家庭的现状和需求，探索针对其可行的养老模式。研究逻辑框架（见图2）以家庭为核心，在社会、政策、人口趋势等相关背景下，分析计划生育特殊困难家庭的形成及其家庭结构、家庭关系和家庭功能的一系列变化，探析这些家庭生活中存在的主要困难和由困难所引发的需求，根据困难和需求提出具有针对性的对策、建议和养老模式。

[①] 芦亚微. 社会控制视角下的失独家庭集体上访事件研究[D]. 保定：河北大学，2015.

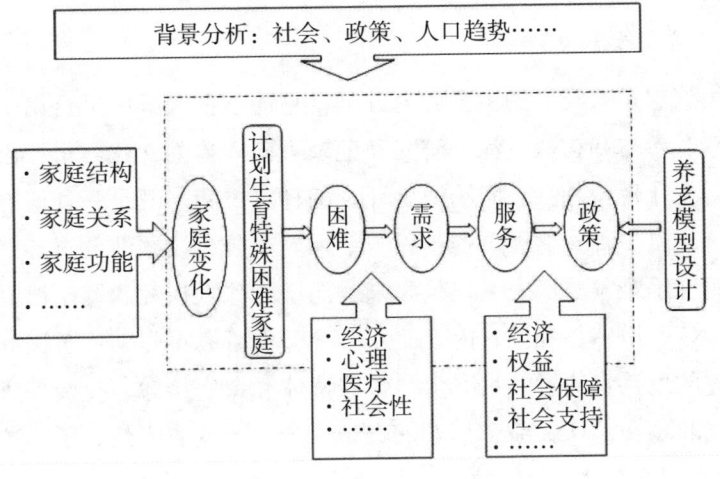

图 2　研究逻辑框架

五、研究方法

(一) 文献分析

虽然国际上并没有专门针对计划生育特殊困难家庭的研究，但国外关于老龄人口健康、养老机制和模式、家庭功能等的研究已较为丰富，理论构建也较成熟，因此本研究首先系统梳理和借鉴了国外相关的理论著述，尤其是家庭功能量表的应用和分析方法。其次，课题组系统梳理了我国计划生育政策的发展脉络，回顾和分析了国内以往 17 年（2001—2017 年）有关计划生育特殊困难家庭的相关研究内容、结果和对策建议等。最后，课题组对全国各地开展计划生育工作以来，有过的关于计划生育家庭的帮扶政策、养老措施等进行了梳理、归纳和分析。

（二）民族志

民族志是人类学的主要研究方法，它通过在人群中进行第一手观察、参与和访谈，深入研究和记录不同人群的文化习俗，由此来对文化现象和社会问题做出理论阐释。民族志既是一种研究方法，也是一种文化展示的过程与结果。本研究议题涉及对计划生育特殊困难家庭历史、现状和未来期望的深入探究，鉴于研究问题的特殊敏感性和调查内容的复杂性，本研究首先采用了民族志研究的思路，通过较长时间与这些群体和家庭接触、交流，进而建立联系和信任关系，以观察、访谈为主要调查方法，了解这一人群的生活现状、家庭关系、社会关系、困难和需求，以及他们对某些问题的看法和期望，从而更加深入和全面地收集数据，提高研究结果的可信度，提出以研究对象需求为导向的对策建议。

课题组首先从昆明市、红河州弥勒市、楚雄州楚雄市、玉溪市通海县选取了6个街道或社区作为田野调查点，同时还与"云南爱心鸟失独家庭关爱中心"①和楚雄州特殊教育学校②建立了联系，对两家机构本身及与其相关的家庭也展开了调查。

在田野调查中，课题组采用的具体研究方法包括参与性观

---

① "云南爱心鸟失独家庭关爱中心"（后简称"爱心鸟"）于2012年开始筹备，2015年经云南省民政厅注册登记成立，是云南省唯一一家以"失独"家庭为帮扶对象的非政府公益性组织，也是全国率先成立的第一家相关组织，主要为"失独"家庭的父母提供心理疏导、生活帮扶和再生育援助。目前已在昆明建立了三个社区服务站，为云南省千余名"失独"父母提供过服务，机构定期不定期组织家庭间的联谊活动、送温暖活动和群体性心理咨询等。

② 楚雄州特殊教育学校，是楚雄州唯一的一所专门招收残疾儿童并对其实施九年义务教育的全日制、寄宿制特殊教育学校，共有近300名来自楚雄州各县区的盲、聋和智残儿童住校就读。

察、深度访谈和专题小组座谈。参与性观察主要是针对某些典型的家庭和群体性组织,以了解不同家庭的特点、生活状况、困难和需求等,以及群体性组织的活动状况及其对不同家庭的影响与支持。深度访谈的对象主要包括两类:一是计划生育特殊困难家庭的父母,课题组共计访谈了计划生育特殊困难家庭38户,其中"失独"家庭20户,"独残"家庭18户;二是关键知情者,包括社区工作人员、当地计划生育工作的管理者、某些组织的志愿者、养老机构人员和教师等,合计8人。专题小组座谈仅对计划生育特殊困难家庭开展,累计召集了7组,涉及52个家庭。

(三)家庭功能评估

为了丰富研究数据,科学评判计划生育特殊困难家庭的家庭功能状况,课题组通过对国内外现有评估量表进行比较分析后,最终选用了爱普斯坦(Epstein)等人编制的家庭功能评定量表(Family Assessment Device,以下简称FAD量表)。[①]

FAD量表在1983年被提出,是一种自评量表,包括7个维度的测评:问题解决(Problem Solving)、沟通(Communication)、角色(Role)、情感反应(Affective Responsiveness)、情感卷入(Affective Involvement)、行为控制(Behavior Control)和总体功能(General Functioning)。该量表最初含有240个条目,第2次修订后保留了53个条目,再次修订后又增加了7个条目(条目2、8、22、29、30、35、58),目前共计60个条目。其中评定家庭健康功能的条目25个,评定家庭不健康功能的条目35个。一个条目只能评估一项家庭功能,且每个条目都有4个选项,分别是完全

---

① EPSTEIN N B, BALDWIN L M and BISHOP D S. The McMaster Family Assessment Device[J]. Journal of Marital and Family Therapy, 1983(9): 171-180.

同意、同意、不同意和完全不同意。量表采用4分制，从完全同意到完全不同意分别是1~4分。对于评价家庭不健康功能的条目需要计算该条目的转换分数，即5-打分值，作为该条目的得分。各分量表的最终分值等于各分量表所包含条目的得分总和除以相应条目数。

FAD量表已在全球得到广泛应用，具有较好的信度和效度，在中国的相关研究中已进行过本土化翻译和实际应用。由于本研究的调查对象具有一定的特殊性和身份敏感性，课题组最终只能通过定额抽样的方法选取调查对象。课题组首先在昆明、弥勒、通海、楚雄4地抽取了6个街道或社区，再加上昆明和楚雄的2个组织/机构，随后基于家庭类别，同时考虑了家庭接受程度和居住地，分别选取了一定数量且符合条件的"失独"家庭和"独残"家庭进行调查。调查对象的准入标准：1. 独生子女死亡或伤病残的家庭；2. 已经依法领取独生子女证且由于身体或先天遗传等原因不能或不愿再生育的家庭；3. 家庭成员能够进行自主交流。鉴于子女的特殊状况，量表均由家庭中的父亲或母亲或双方一起进行填写，本次调查共发放量表125份，回收有效量表122份，回收率为97.6%。有3份量表按无效问卷处理，主要是考虑到被调查对象有精神障碍，数据可靠性存在疑问。

（四）数据分析方法

对定量数据使用Excel软件录入数据，采用SPSS 22.0软件对数据进行分析。通过描述性统计整体评价家庭功能的好坏程度，通过两个独立样本秩和检验比较"失独"家庭与"独残"家庭、城镇家庭和农村家庭功能的差异性。（$P < 0.05$时，差异有统计学意义。）对定性数据采用了民族志研究的分析方法进行田野记录、整理、分类、编码归类和深描。

第二章 那些关于"家"的政策和理论

一、计划生育政策回眸

(一)计划生育政策的历史演进

计划生育政策是从我国社会主义初级阶段的国情出发制定的基本国策,从20世纪50年代开始支持群众避孕节育到1978年3月计划生育以法律形式载入我国宪法,再到2013年放开"单独二孩"以及2015年全面放开"二孩",我国计划生育工作在近65年的发展历程中,经历了多年探索和数次调整。

1. 鼓励生育的时期(1949—1954年)

宣传特点:"人多是好事""英雄母亲"

新中国成立初期,刚告别战乱,人民的生活环境开始趋于安定,生活水平也有了显著提高。这一时期,我国的医疗卫生工作得到一定的发展,孕产妇和婴幼儿死亡率已经明显降低。但是,受"多子多福""养儿防老"等传统观念的影响,广大人民群众从根本上还是接受"发展以人力资源适应社会生产力水平需要"的观念,党和政府顺应当时的社会发展趋势,出台了鼓励多生育的行政、经济等措施,使得人口自然增长率迅速上升,我国进入了1949年以来的第一个人口增长高峰。这一时期的人口快速增长对常年战争导致人口锐减的现实国情有着修复意义。

2. 人口控制的提出(1953—1961年)

宣传特点:"一个家庭有两个孩子最理想""生得少一些,生得迟一些""一儿一女一枝花,多儿多女累死妈"

这一时期,节制生育的思想和主张已经开始形成和提出。主要原因有两个,一是国家经济社会发展要求控制人口过快增长。第一次全国人口普查(1953年)结果显示全中国人口总数突破6亿,已达60193万人,其中大陆人口58060万人。过高的人口基数和过快的增长速度引起了党、政府和部分专家学者对人口问题的关注。二是人民群众开始对节育有了需求。随着新中国第一部《婚姻法》的实施,妇女们开始追求婚姻的自主和男女的平等,迫切希望参与到学习和工作中。但对于已婚妇女,家庭养育子女的重任和学习工作难以兼顾。随着人民群众文化水平的提高,城市居民中对节育的需求愈加迫切。

面对人口过快增长的现实情况和人民群众的需求,党和政府开始支持群众节育。首先在城市和人口较多的部分农村开始倡导/施行节制生育的政策,适当控制人口自然增长率,并开始在政策和舆论宣传上主张晚婚晚育。1953年国家卫生部发布了《避孕与人工流产法》、1955年中共中央发出了《关于控制人口的指示》,1957年毛泽东提出了"人类要控制自己,做到有计划地增长",1957年马寅初发表了"新人口论",提出了"中国人口增长过快"的命题,据此提出了"控制人口数量,提高人口质量"的新主张。

在这一阶段,虽然国家和政府采取了一定措施来控制人口增长,但受三年自然灾害的冲击和"大跃进"运动中片面强调"人多力量大"的影响,各项节制生育的政策制度并未得到落实,相关的人口研究和宣传活动被迫停止,广大群众的生育依旧处于自然状态。

3. 计划生育的前奏(1962—1970年)

宣传特点:"一个不少、两个正好、三个多了""做好计划生育,领导是关键,基层领导是关键的关键"

因为"三年自然灾害"等带来的实际生活困难问题,这一时期人口开始出现补偿性生育。第二次全国人口普查(1964年)数据显示,全国人口总数已达72307万人,其中大陆人口达69458万人,接近7亿,人口的过快增长再一次引起了党和政府重视。1962年,中共中央、国务院发出《关于认真提倡计划生育的指示》。1963年,中共中央批转了国务院在第二次城市工作会议上的决定,提出"中央和地方都要成立计划生育委员会,具体领导这方面的工作"。

在这一时期,国家和政府开始建立执行计划生育工作的专职机构,对计划生育工作开始实施组织领导。1964年1月,国务院成立计划生育委员会,由卫生部妇幼卫生司负责计划生育技术指导工作。此后大多数省和直辖市先后成立了计划生育委员会或计划生育领导小组,并配置了专职工作人员;一些地区、市、县也开始设计划生育机构,配置工作人员。5月,国务院批准成立了科学技术委员会计划生育专业组,负责组织协调全国的计划生育科学研究工作。

1963年,在国务院召开的全国第二次城市工作会议上,积极开展计划生育成为本次会议的主要内容之一,明确了以城市为重点的计划生育工作将逐步开展。尽管如此,当时我国绝大部分人口在农村,除了个别地区外,农村地区基本都没有开展计划生育工作,人口出生率依旧快速增长。因此,毛泽东曾经多次提出:"计划生育必须在抓城市的同时,以抓农村为重点。"这一时期的计划生育工作,开始从只提倡自愿节育逐步发展为提倡"有计划地生育"。

但随后"文化大革命"开始了。计划生育工作在此期间遭受了严重阻碍，很多工作都不得不中断。1966—1971年期间，我国人口增长迅猛，每年净增2000万以上，形成了第二次人口增长高峰。

4. 计划生育政策的萌芽(1971—1978年)

宣传特点："晚、稀、少""人类要控制自己，做到有计划地增长""由点到面，分批推开"

1970年6月，周恩来指出："连人口增加都计划不了，还搞什么国家计划！""计划生育属于国家计划范围，不是卫生问题，而是计划问题。"在周恩来的指示下，人口增长指标被纳入国民经济与发展指标。1971年，《国务院发卫生部、商业部、燃化部"关于做好计划生育工作的报告"》(国发〔1971〕51号)提出："计划生育，是毛主席提倡多年的一件重要事情，各级领导同志必须认真对待。除人口稀少的少数民族地区和其他地区外，都要加强对这项工作的领导"。1973年12月，第一次全国计划生育汇报会上提出了"晚、稀、少"的政策。1978年3月，第五届全国人民代表大会第一次会议通过的《中华人民共和国宪法》中第五十三条规定"国家提倡和推行计划生育"，这是计划生育第一次以法律形式载入我国宪法。

在这一时期，广大农村地区开始普遍推行计划生育。党中央提出"在城乡人民中大力宣传和提倡计划生育，使晚婚和计划生育变成城乡广大群众的自觉行动"。各省、直辖市开始将农村列为计划生育工作重点，同时避孕药具也重点供应农村。以"赤脚医生"、妇女主任等为主的农村基层计划生育工作队伍逐渐形成。

与此同时，与人口问题、计划生育等相关的科学研究也开始有了发展。在各省、直辖市陆续出现了各种人口理论学习班，一些高等院校、中共党校、社科院也开始设立人口研究机构，并且广泛开展了关于人口理论的宣传教育。

5. 一孩政策的出台(1979—1991年)

宣传特点:"晚婚、晚育、少生、优生""提倡和鼓励一对夫妇只生一个孩子""实施计划生育,贯彻基本国策""见证怀孕,持证生育"

1979年,第五届全国人民代表大会第二次会议提出,"鼓励一对夫妇只生育一个孩子"。从此,独生子女政策正式登上历史舞台,并施行了30余年。1980年9月,第五届全国人民代表大会第三次会议通过的《婚姻法》中第十二条规定:夫妻双方都有实行计划生育的义务。1980年9月25日,中共中央发表的《关于控制我国人口增长问题致全体共产党员、共青团员的公开信》中提出:控制我国人口增长,"解决这一问题的最有效办法,就是实现国务院的号召,每对夫妇只生育一个孩子"。

图3 20世纪80年代的计划生育宣传口号。图片来源于网络。
http://news.163.com/photoview/00AP0001/24433.html#p=83UPMJNO00AP0001

1981年全国人大五届四次会议通过的《政府工作报告》中把中国的人口政策概括为"限制人口的数量,提高人口的素质",明确了计划生育工作的范围,提出"晚婚、晚育、少生、优生",取代了20世纪70年代"晚、稀、少"的提法。1982年9月,中共第十二次全国代表大会将"计划生育"确定为基本国策。

与此同时,我国逐渐建立健全了计划生育组织管理体系,包括各级计划生育行政管理机构、计划生育事业机构和人口科研机构,建立了计划生育协会组织。各地计划生育管理条例也相继出台,计划生育政策逐步完善,计划生育工作体制日趋健全。国家和政府对计划生育工作干部加强了培训,同时加大了在群众间的宣传力度,如1990年的春晚小品《超生游击队》就生动地演绎了这一时期计划生育工作的特点。在这一时期,我国计划生育工作成效显著,人口数量得到了有效控制。

6. 计划生育的转变(1992—2002年)

宣传特点:"坚持'三不变',落实'三为主',推广'三结合',实现'两个转变'""婚育新风进万家""开展计划生育优质服务"

1996年,李鹏在中央计划生育工作会议上提出,"坚持'三个不变',落实'三为主',推广'三结合',实现'两个转变'的工作方针"。"三不变",即现行计划生育政策不变、既定的人口控制目标不变、党政一把手亲自抓负总责不变;"三为主",即以宣传教育为主、避孕为主、经常性工作;"三结合",即把计划生育工作与发展经济、帮助农民勤劳致富奔小康、建设文明幸福家庭相结合;"两个转变",指实现计划生育工作思路和工作方法的两个转变,即由孤立地就计划生育抓计划生育向与经济社会发展紧密结合,采取综合措施解决人口问题转变;由以社会制约为主向逐步建立利益导向和社会制约相结合,宣传教育、综合服务、科学管理相统一的机制转变。

2000年3月2日,中共中央、国务院做出了《关于加强人口与计划生育工作稳定低生育水平的决定》,提出"计划生育是我们必须长期坚持的基本国策"。在实现了人口再生产类型的转变之后,人口与计划生育工作的主要任务将转向稳定低生育水平,提高出生人口素质"。

这一时期,计划生育在宣传教育层面表现为开始在全国推动"婚育新风进万家"活动,提倡建设新型生育文化,宣传科学、文明、进步的生育观念。同时,优质服务成为这一时期计划生育工作的核心内容,提出坚持以人为本、以人的全面发展为中心,以群众的需求为出发点,以稳定低生育水平、提高人口素质为目标,围绕生育、节育、不育开展优质服务,合理地利用和配置社会资源,以适应市场的发展和群众的需求,全面提高计划生育服务质量,促进人口和社会的全面发展。在农村,实行计划生育村民自治成为农村计划生育工作的重点,通过开展计划生育村民自治,发扬计划生育民主,树立以人为本的新理念。改变以往依靠行政力量强制推行计划生育的管理模式,实行计划生育社区管理,推行计划生育优质服务,树立了变"管理"为"服务"的全新工作理念。

7. 计划生育的调整(2002年至今)

宣传特点:"双独二胎""单独二胎""全面放开二孩"

在平稳度过20世纪90年代我国第三次生育高峰之后,从2002年起,计划生育政策开始出现调整。2002年施行的《中华人民共和国人口与计划生育法》中第十八条规定:"符合法律、法规规定条件的,可以要求安排生育第二个子女,具体办法由省、自治区、直辖市人民代表大会或者其常务委员会规定。"20世纪末,山东、四川等27个省份开始实行"双独二胎"政策;2002年湖北、甘肃、内蒙古三省区开始实行"双独二胎"政策；最后一个仍未实行"双独二胎"政策的河南省在2011年也开始实行该政策。2003年3月，经第十届全国人大第一次会议决定，在国务院行政管理体制和机构改革中，国家计划生育委员会更名为国家人口和计划生育委员会，继续执行国家人口和计划生育政策的刚性任务。

2006年12月17日，中共中央、国务院发布《关于全面加强人口和计划生育工作统筹解决人口问题的决定》。这是在1991年《关于加强计划生育工作严格控制人口增长的决定》和2000年《关于加强人口与计划生育工作稳定低生育水平的决定》之后，中共中央、国务院对计划生育工作做出的第三个重要决定。时任国家人口计生委主任张维庆提到："《决定》是指导新时期人口和计划生育工作的纲领性文件，标志着中国人口和计划生育工作进入稳定低生育水平、统筹解决人口问题、促进人的全面发展的新阶段。"

2013年3月，国家人口和计划生育委员会与卫生部合并组建国家卫生和计划生育委员会。同年11月，十八届三中全会审议通过的《中共中央关于全面深化改革若干重大问题的决定》提出：坚持计划生育的基本国策，启动实施一方是独生子女的夫妇可生育两个孩子的政策，逐步调整完善生育政策，促进人口长期均衡发展。

2015年10月，十八届五中全会决定，全面放开二孩政策。至此，实施了30多年的"独生子女"政策正式宣布终结。2018年3月，国家卫生和计划生育委员会更名为国家卫生健康委员会。

（二）计划生育特殊困难家庭相关政策的由来

2000年后计划生育特殊困难家庭逐渐引起各级政府的重视。2007年，我国开始通过试点，逐步推行实施计划生育家庭特别扶助制度，相关社会保障政策也陆续出台。在党中央、国务院和国家卫生部门的总体协调部署下，各省（区、市）因地制宜，结合各地实际情况进行了探索和实践，开始落实和完善各项政策，动员多方力量，保障力度从最初单纯的经济救助延伸到了医疗服务、生活帮扶和精神慰藉等多个层面和领域，在一定程度上解决了部分家庭的特殊困难和实际需求，初步构建起了以"经济扶助制度为主，社会关怀为辅"的帮扶模式。

为完善我国人口和计划生育政策，解决独生子女家庭实际困难，稳定低生育水平和促进社会和谐发展，国家人口计生委、财政部于2007年决定开展独生子女伤残死亡家庭扶助制度试点工作，首先选择了全国10个省市[①]为试点地区，对我国城镇和农村独生子女死亡或伤、病残后未再生育或收养子女家庭给予经济扶助。

2008年，在试点工作的基础上，国家人口计生委、财政部先后制定和出台了《全国计划生育家庭特别扶助制度信息管理规范（试行）》《关于完善计划生育家庭特别扶助对象具体确认条件的通知》，决定在全国范围内全面实施计划生育家庭特别扶助制度，要求通过逐级申报审批，对符合条件的家庭，自女方年满49岁后，夫妻双方可享受和领取扶助金。扶助标准为每人每月不低于80元（伤残）或100元（死亡）。随着我国社会经济发展水平的不断提升，2012年国家将特别扶助金标准分别提高到了每人每月不低于110元（伤残）和135元（死亡）。计划生育家庭特别扶助制度成为国家针对独生子女伤残死亡家庭制定的一项基本社会保障政策，扶助受益群众逐年增加，2013—2014年间全国领取特别扶助

---

① 10个省市为重庆市、贵州省、甘肃省、山西省、吉林省、湖南省、上海市、江苏省、山东省和青岛市。

金的对象增加了10万人（从67.1万增加至77万），其中"失独"家庭的特扶对象由40.7万人增至47万人。

2013年12月，国家卫生计生委进一步发出《国家卫生计生委等5部门关于进一步做好计划生育特殊困难家庭扶助工作的通知》，要求各省（区、市）卫生计生委、民政厅（局）、财政厅（局）、人力资源社会保障厅（局）、住房城乡建设厅（建委、房地局、住房保障和房屋管理局）共同做好计划生育特殊困难家庭的扶助工作。由此，计划生育特殊困难家庭的特别扶助政策也发生了系列变化：第一，由单一部门转变为多部门协作；第二，进一步加大了经济扶助力度。从2014年起，将独生子女伤残、死亡家庭的特别扶助金标准分别提高到城镇每人每月270元和340元，农村每人每月150元和170元，并建立动态增长机制；第三，保障内容除原来的经济扶助外，新增了养老保障、医疗救助和社会关怀方面的内容，以满足计划生育特殊困难家庭多方面的需求。

2014年1月，为更好地贯彻落实计划生育特殊困难家庭扶助工作，国家卫生计生委、中国计划生育协会联合发出《关于开展计划生育特殊困难家庭社会关怀的通知》，突出显示了社会关怀和多方参与的重要意义和实际作用。通知从生活、养老、健康、精神以及生育5个方面，对社会关怀工作提出了较为具体而全面的指导性意见，要求建立"政府主导、部门协同、社会参与、多方关怀"的工作模式，为计划生育特殊困难家庭提供基本的生活、养老、医疗和心理疏导服务，逐步建立完善计划生育特殊困难家庭社会关怀的长效机制。

2015年12月，中共中央、国务院发布《关于实施全面两孩政策 改革完善计划生育服务管理的决定》，再次提出应加大对计划生育特殊困难家庭的关怀力度，要妥善解决他们的生活照料、养老保障、大病治疗和精神慰藉等问题。2016年4月，财政部、国家卫生计生委再度对计划生育特殊困难家庭扶助标准进行调整，印发实施了《关于进一步完善计划生育投入机制的意见》，取消了扶助金的城乡差别，将农村独生子女伤残、死亡家庭扶助标准提高到与城镇水平一致，即分别为270元和340元，并根据经济社会发展水平等因素，实行特别扶助制度扶助标准动态调整。2018年各省（区、市）根据中央精神和实际情况又相继出台了有关提高扶助金标准的通知，但各地执行标准不一，例如北京市将"伤残"和"失独"家庭的扶助金分别提高至每月590元和720元；贵州省提高至每月350元和700元；云南省提高至350元和450元。表1①总结显示了计划生育特殊困难家庭扶助金在2008—2018年间5次增长的情况。

表1 2008—2018年计划生育特殊困难家庭扶助金调整变化情况

（单位：元）

2008		2012		2014		2016		2018（云南）	
伤残	死亡	伤残	死亡	伤残	死亡	伤残	死亡	伤残	死亡
80	100	110	135	270	340	270	340	350	450
				（农村150）	（农村170）	（城乡统一）			

为切实推动扶助关怀工作在全国范围内的顺利实施，确保国家政策落实到位，国家卫生计生委于2015年7月13日和2016年6月23日连续两年组织召开了全国计划生育特殊家庭扶助关怀工

---

① 参见北京市卫生和计划生育委员会、北京市财政局2018年《关于提高本市计划生育特别扶助金标准的通知》；贵州省卫生计生委、省财政厅2018年《关于调整计划生育特殊家庭特别扶助金标准的通知》；云南省财政厅、省卫生计生委2018年《关于提高计划生育家庭特别扶助金标准的通知》

作会议。民政部、财政部、人力资源社会保障部、住房城乡建设部，31个省（区、市）、5个计划单列市卫生计生委，新疆生产建设兵团人口计生委，以及国家卫生计生委相关司局、中国计生协、中国人口福利基金会均派代表出席会议。会议总结交流了各地开展计划生育特殊困难家庭扶助关怀工作的成绩和经验，深入分析了工作中存在的问题和困难，明确提出要进一步强化大局意识和责任意识，切实落实联系人制度，建立由卫生计生、民政、财政、人力资源社会保障、住房城乡建设等相关部门共同参加的部门联席会议制度，为有特殊困难的计划生育特殊困难家庭成员开通医疗服务"绿色通道"，优先为其家庭成员签订家庭医生服务，切实解决好这些家庭的突出困难和问题。在随后颁布的一系列相关政策规划，如《关于推进家庭医生签约服务的指导意见》《"十三五"健康老龄化规划》等中计划生育特殊困难家庭均作为优先帮扶对象之一，受到国家和各级政府的关怀和重视。

2018年1月，为了进一步解决计划生育特殊困难家庭在就医方面的实际困难，国家卫生计生委办公厅下发了《关于进一步做好计划生育特殊家庭优先便利医疗服务工作的通知》，再次要求将计划生育特殊困难家庭成员优先纳入家庭医生签约服务，为其提供基本公共卫生和个性化健康管理；医疗机构应当开通优先便利就医"绿色通道"，有条件的医疗机构还可安排医务社工和志愿者，为计划生育特殊家庭成员提供就医引导、陪诊等服务；对施行手术等医疗服务的签字程序做出指示，医疗机构在对计划生育特殊困难家庭成员施行手术、特殊检查或者特殊治疗时，如无法取得患者本人意见又无法取得患者家属或者关系人意见时，经治医师应当提出医疗处置方案，在取得医疗机构负责人或者被授权负责人签字同意后实施。

(三)云南省计划生育特殊困难家庭的现有政策

为有效解决计划生育特殊困难家庭基本的生活、养老、医疗服务、精神慰藉和心理疏导等方面的问题，逐步建立完善的特殊家庭社会关怀服务长效机制，2013年至2017年间，云南省相继出台并实施了一系列对计划生育特殊困难家庭进行扶助关怀的措施。这些措施已取得一定成效。

第一，经济扶持力度加大。2013年开始，云南省政府为全省独生子女死亡家庭发放一次性抚慰金(5000元/户)。2016年起，云南省将城乡女方年满49周岁以上的独生子女伤残、死亡家庭扶助金发放标准统一调整为每人每月270元、340元，并建立动态增长机制。2017年起，省政府对城乡计划生育特殊困难家庭再生育或收养的独生子女实施全程教育奖学金奖励制度。2018年省财政厅、省卫生计生委联合下发《关于提高计划生育家庭特别扶助金标准的通知》，把独生子女死亡家庭特别扶助金标准从每人每月340元提高到每人每月450元，独生子女伤残家庭特别扶助金标准从每人每月270元提高到每人每月350元。

第二，医疗保障内容放宽。自2009年始，云南省免除农业人口计划生育特殊困难家庭参加新农合的个人承担部分，之后从2017年开始，免除城镇居民计划生育特殊困难家庭基本医保的个人承担部分，二者均由省州市财政承担，目前为150元/人/年。自2017年5月起，云南省在二级以上医疗机构中为60周岁以上持计划生育特殊家庭扶助证的特殊家庭人员开通就医绿色通道，享受在挂号、就诊、检查、住院等方面的优先优惠。

第三，家庭医生签约基本全覆盖。2017年，立足于全省实施的家庭医生签约服务工作，云南省政府要求各州(市)须在2017年上半年完成所辖各县(市、区)2万多户计划生育特殊困难家庭签约全覆盖。截至2017年6月30日,云南省计划生育特殊困难家庭签约率达92.48%;至2017年10月底,昆明市、玉溪市率先完成计划生育特殊困难家庭的家庭医生签约服务工作,签约率100%。在开展家庭医生签约服务工作过程中,云南省首创"1+1+1"组合服务模式。在乡村,实行1个家庭医生服务团队+1个乡镇卫生院指导团队+1个县级医院指导团队服务模式;在城区,实行1个家庭医生服务团队+1个二级医院指导团队+1个三级医院专家团队模式。

第四,其他保障逐步纳入。对于计划生育特殊困难家庭中经济特别困难的人员,云南省政府将其纳入各地城乡居民最低生活保障范围,给予兜底资助;对于计划生育特殊困难家庭中失能、半失能的老年人,将其优先纳入养老机构照料。此外,2016年,云南省制定出台计划生育特殊困难家庭联系人制度,为全省各地的计划生育特殊困难家庭建立信息档案,每户家庭都有乡镇或社区的1名领导和1名计划生育工作人员作为联系人,定期或不定期进行上门或电话走访问询,及时帮助他们解决困难和问题。2017年1月,省财政厅和省卫生计生委联合下发《进一步完善计划生育投入保障机制实施意见》,新增两项计划生育特殊困难家庭扶助优惠政策,一是对城乡居民中,依法领取了《独生子女父母光荣证》后独生子女死亡或伤病残(残级等级依法鉴定为三级以上)的家庭,再生育一个子女或者合法收养一个未成年子女的,在子女教育阶段给予一定的资金补助;二是对计划生育特殊困难家庭,在女方年满49周岁以后,参加城乡居民基本医疗保险个人缴费部分予以补助。2018年11月,云南省计划生育协会与中国人寿保险股份有限公司合作,为云南省户籍且年满49周岁(含)的"失独"家庭父母购买住院护理保险。保险项目包括4项:①疾病住院护理,因疾病或意外住院的"失独"父母可按医院级别每年每人按实际住院天数可累计报销不超过 90 天的护理费用；②因疾病或意外伤害导致的身故，可获得 5000 元一次性全额赔付；③意外残疾的可获得 20000 元以下的保险金；④经确诊患重大疾病者可获得每人一次的 5000 元保险金。

以上政策举措的出台和实施，确实可缓解计划生育特殊困难家庭面临的物质和生活困境：政府发放的特别扶助金、一次性抚慰金可以缓解这些家庭的一部分经济压力；云南省采取"1＋1＋1"的家庭医生签约服务模式，有效避免医疗资源的浪费，同时保证了家庭医生服务团队的质量，有利于取得计划生育特殊困难家庭的信任；政府优先安排计划生育特殊困难家庭的老人入住养老机构，使得这些老人的日常照料有了保障，解决和满足了部分老年人的需求；计划生育特殊困难家庭联系人制度的实施，重新建立了计划生育特殊困难家庭与外界的联系；其他保险政策进一步缓解了其家庭医疗费用的支出压力等。

但也应该看到，这些政策仍与计划生育特殊困难家庭的需求存在一定差距，并未能较好地满足其需求。对于许多贫困或需要支出较多医疗费用的家庭而言，当前的特别扶助金额度仍较低。具体执行中的差异和不力，又放大了这些政策本身存在的不足和缺陷。如目前虽然针对计划生育特殊困难家庭的家庭医生签约服务已基本全覆盖，但签约服务内容不完善、签约服务激励分配制度不健全等问题导致了家庭签约服务未能有效开展。许多保障政策的信息未及时公布，宣传力度弱，导致很多家庭未能知晓信息或及时办理，而且在办理过程中也可能因程序过于复杂而使得此类人群未能真正获益，比如就医绿色通道就很少能发挥实效。再如有些养老机构只接收"三无"老人，而计划生育特殊困难家庭的老人往往因为有伤残子女或没有监护人而被这些养老机构拒绝；有些养老机构虽然接收计划生育特殊困难家庭的老人，但由于机构内部的养老环境恶劣、医疗资源缺乏或收费高等问题,大多数老人不愿意或因经济困难而无法入住。

二、计划生育特殊困难家庭的 17 年研究历程

2001 年,王秀银首次提出大龄独生子女意外伤亡是一个值得关注的社会问题,① 从此拉开了学术界研究计划生育特殊困难家庭的序幕。以"计划生育特殊家庭"或"风险家庭",或者"独生子女死亡、失独、伤病、残障"等几个主要关键词,联合"养老"主题,以主题或关键词检索途径,模糊检索全部学科范围三大国内重要的综合性核心数据库(CNKI、万方、维普)至 2017 年的所有文献,去重后得到 1183 篇,剔除非学术类的新闻报道或短篇经验分享等 408 篇后,最终收集到学术类期刊文献 775 篇。文献分析表明,对这一特殊群体的研究,大致可划分成 4 个阶段:一是起步阶段(2001—2004 年),仅发表文献 2 篇,2002 年和 2003 年文献数量出现断层,发表时间不连续;二是缓慢发展阶段(2005—2011 年),该阶段共发表文献 18 篇,发文量较少,但发表时间未间断,与起步阶段相比有增长趋势;三是快速发展阶段(2012—2015 年),在这一阶段文献数量突增;四是减缓阶段(2016—2017 年),2016 年和 2017 年发表文献数量都保持在 100 篇以上,但文献数量总体呈下降趋势。

总体上,养老问题、社会保障和社会工作是过去研究中探讨的主要议题,且以"失独"家庭的研究为主,例如在上述已发表的 775 篇文献中,入选南大核心期刊的共 91 篇,其中研究对象为

---

① 王秀银,胡丽君,于增强.一个值得关注的社会问题:大龄独生子女意外伤亡[J].中国人口科学,2001(6):61-62.

"失独"家庭的文献有84篇,研究计划生育特殊困难家庭的文献仅有7篇。从课题来源分析,研究涉及的国家级课题有34项,省级课题有64项,其中,有关"失独"家庭的国家级课题有23项,省级课题有54项。进一步以"养老""养老问题"或"养老困境"为关键词进行筛选后,得到相关文献141篇,这些文献主要从经济、日常生活和精神抚慰等三个方面对这些特殊家庭的养老需求进行了分析和探讨。

经济困难、日常生活缺乏照料以及心理困境是以往研究发现的计划生育特殊困难家庭面临的三大困难。2014年,黄炯华等通过调查发现,只有28.8%的受访者有固定退休金,有72.3%的受访者常因为子女伤残、死亡而陷入深深的痛苦当中。[①] 李静对长沙市106户独生子女伤残、死亡家庭做问卷调查,其中有58.2%的受访者承认家庭经济较困难或很困难,只有1.6%的人认为经济较宽裕。[②] 李天蓉对四川攀枝花市的93户独生子女伤残家庭进行了调查,发现有58%的家庭存在因病返贫现象。[③] 面对独生子女的伤残、死亡,父母往往会表现出自卑。[④] 梁明辉在2013年曾对50名"失独"父母进行调查,其中44%的人有自杀经历,有54%的人子女死亡以后迁居异地,有48%的人几乎从来不进行社

---

① 黄炯华,林雨,黄文群.江西省城市独生子女伤残、死亡家庭父母养老需求调查结果分析——基于社会问卷调查的数据[J].商,2014(39):55-56.

② 李静.城市伤残或死亡独生子女家庭养老困境及对策[J].长沙民政职业技术学院学报,2015(3):7-9.

③ 李天蓉.四川攀枝花市仁和区失独及独生子女伤残家庭现状调查分析[J].中国计划生育和妇产科,2015(10):70-73.

④ 赵仲杰.城市独生子女伤残、死亡给其父母带来的困境及对策——以北京市宣武区调查数据为依据[J].南京人口管理干部学院学报,2009(2):55-59.

交活动。① 因无法承受子女伤亡的现实,大多数父母心理会变得异常脆弱和敏感;② 他们害怕看到别人异样的眼光,甚至为了不让别人知道自己的孩子已经去世,屡次搬家,断绝与亲戚朋友的一切联系③。

以往研究表明,造成计划生育特殊困难家庭陷入养老困境的原因主要有三个方面:第一,计划生育帮扶制度不完善。2016年,国家发布政策规定独生子女伤残、死亡扶助标准分别为每人每月270元和340元。而对于那些患病的计划生育特殊困难家庭来说,他们每个月需要支出800~1000元用作日常开销和医药费,④ 扶助金很多时候是杯水车薪。此外,现有的帮扶政策主要集中于经济资助,而老人日常生活照料、医疗保健服务及精神抚慰等方面的帮扶需求并未受到重视,或未有明确规定。第二,家庭结构受到严重破坏。2017年,廖芮等从家庭功能角度出发,指出家庭功能至少包括情感功能、社会化功能、性与生殖功能、经济功能和健康照顾功能5部分。而由于独生子女的伤残、疾病、死亡等,使得计划生育特殊困难家庭无法拥有更多的经济来源、无法进行家庭成员间的情感交流、无法在家庭成员生病时互相照

---

① 梁明辉,张黎,巩新鹏,等. 失独者心理健康状况初探——以50例失独父母SSRS与K10的网络调查为例[J]. 中国农村卫生事业管理,2013(12):1393-1395.

② 杨景欣,陈华. 社会工作视角下的失独家庭问题解决路径[J]. 企业导报,2013(23):248-249.

③ 蒋慧,王芳. 社区失独家庭养老困境分析及解决对策[J]. 全科护理,2013(25):2395-2396.

④ 李静. 城市伤残或死亡独生子女家庭养老困境及对策[J]. 长沙民政职业技术学院学报,2015(3):7-9.

顾,且无法实现"传宗接代""养儿防老"的功能。① 第三,养老观念根深蒂固。有学者指出,在中国人的传统观念当中,白发人送黑发人是一种不吉利的事情。② 对于这种"不吉利"的家庭,邻里亲友一般不愿意往来。甚至在某些封建迷信盛行的地区,"失独"父母会因为子女离去而被贴上"克子""绝后""命背"的标签,以至于在社会上一辈子难以抬头,难以获得社会支持。③

为解决计划生育特殊困难家庭这一难题,以往研究者分别从政府、社会、个人角度提出过一些对策建议。首先,在政府层面,多数学者认为政府应该建立动态的经济救助机制,并出台相关配套政策,④ 而且应当对特殊家庭有政策倾斜。2012 年,董丽红提出政府应当组织有关部门开展对计划生育特殊困难家庭的心理辅导、义务巡诊、临终关怀等多元化服务。⑤ 此外,有学者提出政府应当根据各地情况制定养老保险制度,鼓励更多的人参加养老保险。⑥ 同时,政府应鼓励建立以社会养老为核心、以自我

---

① 廖芮,严朝芳,邓睿.家庭功能理论视域下的计划生育特殊困难家庭问题探讨[J].大家健康,2017(4):5-6.

② 李静.城市伤残或死亡独生子女家庭养老困境及对策[J].长沙民政职业技术学院学报,2015(3):7-9.

③ 郭庆,孙建娥.从拔根到扎根:家庭抗逆力视角下失独家庭的养老困境及其干预[J].社会保障研究,2015(4):21-27.

④ 蒋慧,王芳.社区失独家庭养老困境分析及解决对策[J].全科护理,2013(25):2395-2396.李洋洋,修柏慧.浅谈失独老人赡养问题[J].才智,2013(14):363.陈协平,丁芳.失独老人社会保障体制探究[J].湖北警官学院学报,2013(6):117-121.

⑤ 董丽红.失独家庭养老问题的思考[J].绥化学院学报,2012(6):37-38.

⑥ 李孟莹,孙馨,周茜,等.失独家庭养老困境及对策探讨[J].法制与社会,2016(12):163-164.

养老和政府养老为重要组成部分的复合型养老模式。① 其次，在社会层面，有学者认为要积极整合社会力量，鼓励街道及社区工作人员、社会工作者、志愿者和社区居民组成服务小队，为计划生育特殊困难家庭提供生活照料、家政维修、代购代办及心理咨询等服务。② 同时重视社区养老服务的作用，借助社区力量给老人安装24小时紧急服务热线或免费派发专用手机，在社区建立老年食堂、活动室、图书室、心理咨询室等公共基础设施，为老人提供更方便的服务。最后，在个体层面，这些特殊家庭要树立自身的养老意识，积极参加养老保险；提高自己的身体素质，减少去医院的概率；学会调整心态，积极参与社会活动。此外，计生特困群体之间也可采取互助机制。肖云、杨光辉的研究指出网上存在很多由"失独"家庭组建的QQ群；在这些聊天群里，他们常常以"同命人"互称；群成员间会定期聚会，互相倾诉痛苦并讨论解决问题的办法。③

总体上，近几年的研究无论在数量，还是研究学科和主题上都取得了较大进展，但仍存在一些不足：第一，高水平的文献数量较少。发表于高质量期刊上的论文不到12%，且较少有研究对该问题进行过深入和系统的探讨。第二，对"失独"家庭类型划分笼统，缺乏针对性研究。在现有的研究中，大部分学者仅是笼统的对"失独"家庭进行分析，缺少对不同类型"失独"家庭的划分及其差异性探讨。第三，研究缺乏新颖性。对于计划生育特殊困难

---

① 王森. 论失独家庭困境及对策分析[J]. 佳木斯职业学院学报，2016(8)：472-473.

② 冉文伟，陈玉光. 失独父母的养老困境与社会支持体系构建[J]. 新视野，2015(3)：106-111.

③ 肖云，杨光辉. 优势视角下失独老人的养老困境及相应对策[J]. 人口与发展，2014(1)：107-112.

家庭养老问题的研究，大部分学者的研究主题是"困境"和"对策"，只有少部分学者探讨过"原因"以及现有对策产生的实际效果。且有关"困境"和"对策"方面的研究，大部分学者注重的是物质层面，缺少对精神、社会层面困境的分析，也缺少从健康视角的研究和分析。第四，缺少对家庭功能深层次的解读和分析。大部分研究并未把"家庭"视为一个"对外开放"的系统，缺少对家庭角色和家庭功能变化的关注，也未对家庭与外界社会的互动机制进行研究和探讨。第五，缺乏对养老模式的整体性研究。虽然许多研究都对这些特殊家庭的养老问题展开过讨论，也提出了一些有针对性的对策建议，但这些建议缺少系统性，尚未提出符合不同"失独"家庭类型实际需求的养老模式。

计划生育特殊困难家庭的养老问题一直是一个有待解决并将在未来一段时期持续发酵的社会问题，亟须拓宽研究视角，进一步开展深入研究和分析，未来研究更应注重实效性和政策执行的可接受性和可行性。首先，可统筹考虑这些家庭的同质性，针对其"无子女照护"的现实情况，对其在养老、医疗服务等方面的需求和困难给予政策倾斜，完善和细化相关扶助内容，加强各地政策执行力度；其次，可进一步细化不同特殊家庭类型，采取以需求为导向的分类指导和精准帮扶策略；再次，应强化顶层设计，明确各级政府和各部门职责，动员发挥社会力量，建立健全监督管理和信息反馈通道；最后，可创建互利互助机制，积极发挥这些特殊困难家庭的"内部支持和协作"力量。

三、本研究的理论依据

虽然目前国内外尚未有可供借鉴的专门针对计划生育特殊困难家庭的研究理论，但针对这些家庭的研究本身就是家庭研究的范畴，同时该研究议题还涉及养老、医疗、残障等话题，因此，根据研究需要，本研究主要以家庭系统理论和家庭功能理论为支撑，再借鉴社会支持理论和社会融合理论中的核心观点对家庭与社会之间的互动关系展开论证，研究过程本身也是与这些理论的对话过程，理论解释了结果，结果也有助于反思和完善理论。

（一）家庭系统理论

家庭系统理论兴起于 20 世纪 50 年代，是心理学研究及家庭治疗的重要领域。该理论立足于用"系统"的观点解读家庭运作及家庭成员间的关系。它认为系统是一个由要素组成的整体，要素与要素、要素与整体之间是相互影响、相互作用的。所有的有机体都是系统，各个系统由不同的子系统组成并相应地是更大系统的一部分。家庭系统理论也将家庭成员视为一个系统，家庭和社会各自都是一个系统，它们之间是互动的关系，任何一个系统的变化都会对其他系统，以及整个大系统的状态造成影响。也就是说，家庭系统强调整体性，作为家庭系统中的一个要素，任何家庭成员都会被赋予功能和使命，也对家庭系统产生不可避免的影响。同时，家庭系统应该是开放的，系统中任何要素之间都会接受或者交换信息。当家庭成员遭遇亡故、伤残、重疾等情况，就会对家庭系统产生不可避免的影响，而且这种影响较为消极，会让家庭系统在一定情境和时间内变得封闭，无法达到系统原来的设定。

美国精神分析学家默里·鲍恩（Murry Bowen）是该理论的创始人，他提出的自我分化、三角舒张关系、核心家庭的情感过程、跨代家庭传承、慢性焦虑、情感断离、家庭排序构成了其理论的核心模块，从不同层面阐述了家庭成员间亲疏关系和情感的形成。① 其中，鲍恩对家庭三角关系的理解提出了一些独特见解。他不认为家庭中三个人形成的三角关系圈是一个静态稳定的状态，他认为这应该是一个动态舒张的状态，简言之就是原本两人间的平衡关系会因第三人的介入或离开而失去平衡，原本两人间的不平衡状态也可因第三人的加入或离开达到平衡。② 家庭中每个成员的分化程度越低，就越需要三角关系维持情感的平衡。

计划生育特殊困难家庭的变故，会受中国传统家庭观念和独生子女政策的影响，由独生子女引发的变故对中国家庭稳定性的影响更多是破坏性的，家庭系统理论为本研究的数据分析提供了一个整体性的独特视角，既关注了家庭系统内部的动态变化，又由此延伸关注到了家庭单元与社会之间的互动联系。鲍恩对自我分化和家庭三角关系的平衡性理解也为中国独生子女家庭关系的理解提供了新的启示，独生子女家庭对独生子女的过度关注以及独生子女对父母的过度依赖，使家庭中的个体难以形成程度较高的自我分化，由此更加依赖三角关系的维持，父母间的平衡关系也容易因第三人的离开出现破坏性的影响。

（二）家庭功能理论

功能是指系统与环境在相互联系和作用中所表现出来的适应环境、改变环境的功用和效能，而家庭功能也就是在家庭与社会联系和作用中所具有的满足人类生存的各种需要以及适应和改变

---

① 易春丽，钱铭怡，章晓云．Bowen 系统家庭的理论及治疗要点简介［J］．中国心理卫生杂志，2004（1）：53－55．

② KERR M E and BOWEN M. Family Evaluation：An Approach Basedon Bowen Theory［M］．New York：W. W. Norton & Company，1988．

社会环境的功用和效能。① 家庭心理学的研究者们认为：作为个体生活的主要环境之一，家庭不仅为个体的发展提供物质上的保障，还提供重要的心理和情感支持，个体形成亲密友谊关系的能力部分源于家庭，随着家庭在健康和疾病中作用的加重，家庭结构和家庭功能日益引起社会和政府的关注。②

20世纪70年代"家庭功能"一词被提出后，有关家庭功能的研究已持续了40年。但至今为止，国际上对"家庭功能"的概念界定仍无统一标准。目前主要分为两类：一类以比弗(Beavers)、奥尔森(Olson)、舍克(Shek)为代表，其借助家庭的具体特征来定义家庭功能。比弗等通过家庭关系结构、反应灵活性、家庭成员交往质量和家庭亲密度、适应性等特征反映家庭功能的水平。③奥尔森等指出家庭功能是家庭系统中家庭成员的情感联系、家庭规则、家庭沟通以及应对外部事件的有效性。④ 舍克等将家庭功能定义为一个家庭在家庭系统、相互关系和关怀、应对能力、家庭凝聚力及应对困难时所体现的家庭生活质量。⑤ 另一类以爱普

---

① 潘泽泉. 现代家庭功能的变迁趋势研究[J]. 学术交流, 2005(1)：130 – 132.

② 苏银花, 段功香. 家庭功能评定量表及临床应用进展[J]. 护理研究, 2008(20)：1794 – 1796.

③ BEAVERS W R and VOELLER M N. Family models：comparing and contrasting the Olson Circumplex Model with the Beavers Systems Model[J]. Family Process, 1983(1)：85 – 97.

④ OLSON D H, SPRENKLE D H and RUSSELL C S. Circumplex model of marital and family systems：I. cohesion and adaptability dimensions, family types, and clinical applications[J]. Family Process, 1979(1)：3 – 28.

⑤ SHEK D T. Family functioning and psychological well-being school adjustment, and problem behavior in Chinese adolescents with and without economic disadvantage[J]. Journal of Genetic Psychology, 2002(4)：497 – 500.

斯坦(Epstein)和斯金纳(Skinner)为代表,主要依据家庭完成任务的过程来定义家庭功能,他们认为家庭功能是家庭成员为满足生理、心理和社会性等方面的发展需求而完成的一系列任务。这些任务主要包括三个方面,一是满足最基本的日常生活需求;二是处理不同阶段的成长需求,如升学、结婚或怀孕等;三是应对突发事件,如遭遇意外事故、生病、失业等。①

国内学者研究家庭功能的时间接近20年,但他们对"家庭功能"的概念却也说法不一。易法建表示家庭功能应该包括家庭的组织功能、协调功能和互动功能。② 刘腊梅等则指出家庭功能是家庭与社会相互作用的表现,它是随着社会因素的变化而变化的,不能一概而论。③

由于导向上的差异,家庭功能理论也由此形成了两种取向:一是以结果为取向的家庭功能理论。该类理论以奥尔森的环状模式理论和比弗的系统模式理论为代表。奥尔森的环状模式理论于1978年被提出,包括家庭亲密度、家庭适应性和家庭沟通三个维度。④ 他认为家庭功能的实现与家庭的亲密度和适应性是一种曲线关系,亲密度和适应性过高或过低都不利于家庭功能的发展。

---

① SKINNER H, STEINHAUER P and SITARENIOS G. Family Assessment Measure (FAM) and Process Model of Family Functioning[J]. Journal of Family Therapy, 2000(2): 190 - 210; EPSTEIN N B, BALDWIN L M and BISHOP D S. The McMaster Family Assessment Device[J]. Journal of Marital and Family Therapy, 1983(2): 171 - 180.

② 易法建. 家庭功能与大学生社会化的研究[J]. 青年研究, 1998(6): 35 - 39.

③ 刘腊梅, 张广磊. 家庭功能研究现状分析[J]. 护理研究, 2010(5): 383 - 384.

④ OLSON D H, SPRENKLE D H and RUSSELL C S. Circumplex model of marital and family systems: I. cohesion and adaptability dimensions, family types, and clinical applications[J]. Family Process, 1979(1): 3 - 28.

而家庭沟通是一种促进性因素,平衡型家庭比不平衡型家庭有更好的沟通和家庭功能。比弗的系统模式理论于1977年被提出,认为家庭系统的应变能力与家庭功能的实现之间是一种线性关系,① 家庭系统的能力越强,家庭各项基本功能发挥的效果越好。该理论从两个维度来考察家庭功能:1. 家庭在关系结构和反应灵活性等方面的特征,它与家庭功能的发挥呈线性关系;2. 家庭成员的交往风格,它与家庭功能的发挥呈非线性关系,即向心型和离心型的交往都不利于家庭功能的发挥。

二是以过程为取向的家庭功能理论。此类理论以斯金纳的家庭过程模式理论和爱普斯坦的麦克马斯特(McMaster)家庭功能模式理论为代表。斯金纳的家庭过程模式理论创建于1980年,② 认为家庭的首要目标就是完成各种任务,包括危机任务。各项任务的完成需要全体家庭成员的参与,同时家庭及成员也在完成任务的过程中得到成长,家庭亲密度和家庭整体性也会随之提高。该理论采用七个维度评价家庭功能,分别是任务完成、角色作用、沟通、情感表达、卷入、控制和价值观。麦克马斯特家庭功能模式理论是由爱普斯坦在1978年提出的。爱普斯坦等认为在实际情况中,已划分的家庭类型并不能描述全部的家庭类型。对家庭成员身心健康造成影响的是家庭实现各种功能的过程,而不是家庭系统结构具有的特征。该理论认为评价家庭功能好坏程度的指标包括问题解决能力、沟通、家庭角色分工、情感反应能力、情

---

① BEAVERS W R and VOELLER M N. Family models: comparing and contrasting the Olson Circumplex Model with the Beavers Systems Model[J]. Family Process, 1983(1): 85 – 97.

② SKINNER H, STEINHAUER P and SITARENIOS G. Family Assessment Measure (FAM) and Process Model of Family Functioning[J]. Journal of Family Therapy, 2000(2): 190 – 210.

感卷入能力和行为控制6个维度。①

尽管不同学者对家庭功能的解释各有侧重，但均认同家庭功能不仅是影响各家庭成员发展的重要因素，更是衡量家庭系统运行状况的重要指标。家庭作为一个系统，每个家庭都存在其特定的、相对稳定的交往与情感模式，具有相应的内在规则，家庭系统按照其内在规则不断运行并力图保持某种"平衡"，一旦发生变动，如家庭成员数量增减或家庭内外危机，家庭系统原有的运行规律势必将面临挑战，家庭需做出必要的调整以适应变化。可见，家庭本身也是一个不断运行的动态系统，② 家庭不同层面的功能也处于动态调整状态，以不断适应家庭内外变化，总体上包括经济、生育、情感、照护和沟通。③ 在本研究中，我们以麦克马斯特家庭功能模式为基础对计划生育特殊困难家庭进行了功能量表测量，并结合定性研究数据，主要对这些家庭的经济、生育、情感和照护功能进行了较为深入的分析和探讨，由于独生子女发生变故，这些家庭功能的发挥明显受损，并形成了特有的一些趋向和差异性，也是引发家庭危机的根源。

(三)社会支持理论

社会支持理论的研究起始于20世纪70年代，最初在精神病学文献中提出，后经学术界广泛深入探讨和研究。社会支持一般

---

① EPSTEIN N B, BALDWIN L M and BISHOP D S. The McMaster Family Assessment Device [J]. Journal of Marital and Family Therapy, 1983(2): 171-180.

② 张文新. 青少年发展心理学[M]. 济南：山东人民出版社, 2003.

③ EPSTEIN N B, BISHOP D S, LEVIN S. The McMaster model of family functioning [J]. Journal of Marriage and Family Counseling, 1978(4): 19-31.

指来自个人之外的各种支持的总称,是与弱势群体的存在相伴随的社会行为。但从现有研究来看,社会支持用于指为弱势群体提供精神和物质资源,以帮助其摆脱生存和发展困境的社会行为的总和。①

社会支持是一个复杂的系统工程,它的建立是提供支持的主体、协助支持的介体和接受支持的个体三个方面共同作用的结果。在现有研究中,主要把社会支持的主体分为政府和非政府组织、社区、个人网络、社工或社工组织,这4类主体并非单独存在,而是相互有交叉和互补。社会支持可以表现为客观存在的物质方面的支持,也可以是主观感受的情感上的支持,而个体拥有的社会支持取决于其拥有的社会网络的广度和所获支持的力度,同时个体拥有的社会支持的程度决定其对社会的适应能力和心理承受能力。社会支持是个体对抗心理压力,修复心理障碍的重要资源。李强认为社会支持应被界定为:"一个人通过社会联系所获得的能减轻心理应激、缓解紧张状态、提高社会适应能力的影响。其中社会联系指来自家庭成员、亲友、同事、团体、组织和社区的精神上和物质上的支持和帮助。"②

近年来,社会支持理论得到了广泛引用,用以关注社会支持对弱势群体(如精神障碍者、流动人口、青少年、老年人等)心理健康的影响。对于计划生育特殊困难家庭而言,如何发挥政府主导作用,整合社会资源和家庭资源,增强计划生育特殊困难家庭的自我修复和能力提升,提高其面对社会生活的信心和能力,社会支持的作用尤为重要。

---

① 林顺利,孟亚男. 国内弱势群体社会支持研究述评[J]. 甘肃社会科学,2010(1):132-135.

② 李强. 社会支持与个体心理健康[J]. 天津社会科学,1998(1):67-70.

(四)社会融合理论

社会融合理论是从社会分化和社会排斥的相关理论演进发展而来,最早由法国社会学家迪尔凯姆(Émile Durkheim,也译为涂尔干)提出,认为它是影响自杀行为的一个重要因素。随着不同学科的发展和进一步论证,国际学者逐步建立了3个层次的社会融合研究方向:宏观社会体系的结构性融合;中观族群的文化性融合;微观个体的心理建构融合。[①] 3个层次的研究方向又与不同理论基础和研究视角交互发展,形成了较为庞杂的融合理论体系,难以形成学术界公认的统一界定,但总体上认为社会融合是一个进行中的行动过程,既是目的也是手段,既包括制度性的融合也包括主观性的融入,既涉及多维度也关乎多层面的融合。[②]

除了理论研究和建构外,社会融合也是解决社会不平等和弱势群体问题的政策性工具,欧洲某些国家政府和国际机构从20世纪80年代起就开始推崇社会融合理念,并实际应用于政策制定和执行中,以期解决社会不平等和排斥问题,消除阻碍社会弱势群体参与和发展的制度性壁垒。2003年欧盟在社会融合的联合报告中指出,社会融合是一个过程,它确保具有贫困风险和受社会排斥的人群能够获得必要的资源和机会,以全面参与经济、社会和文化生活领域,享有所在社会认为合理的生活标准和福祉。同时,社会融合还要确保这些人群能够获得更多参与有关他们生

[①] 黄匡时,嘎日达.社会融合理论研究综述[J].新视野,2010(6):86-88;肖子华主编.人口流动与社会融合理论、指标与方法[M].北京:社会科学文献出版社,2018.

[②] 嘎日达,黄匡时.西方社会融合概念探析及其启发[J].理论视野,2008(1):20-25.

活和权利的决策机会。①

    由此可见,社会融合并非仅限于理论层面的探讨,更是具有一定价值取向和目标的政策开发工具,国内外已有不少学者和机构运用社会融合理论对弱势群体的生存状况进行了分析和政策完善,主要包括贫困人口、外来移民和残障人群。计划生育特殊困难家庭虽不是中国社会最为凸显的社会排斥群体,在某种程度上还获得了较多的社会关注和政府支持,但从社会融合的视角来看,这些家庭在社会参与和自身建设发展过程中还面临着两大壁垒:就微观层面而言,这些家庭成员的自我认同和社会认同还存在一些问题和差距,父母依据家庭变故的经历进行了反思性建构,成为不同情绪和行为表达的基础;在宏观层面,独生子女残障的家庭同样面临着残疾人群中普遍存在的融合壁垒,包括观念、制度、就业、教育和公共设施,② 这些壁垒和障碍使其父母面临更多、更持久的困难和挑战,也使他们的养老需求更为复杂化和多元化。

---

① 嘎日达,黄匡时. 西方社会融合概念探析及其启发[J]. 理论视野,2008(1):47-49.

② 艾慧,胡苏敏,徐丹露. 共生理论视角下残疾人社会融合研究[J]. 残疾人研究,2015(2):34-38.

第三章 一切从"家"说起

一、有关家庭的概念界定

(一)家 庭

关于家庭的定义有很多版本,美国社会学家伯吉斯(Ernest Watson Burgess)将家庭定义为"是被婚姻、血缘或收养的纽带联合起来的人的群体,各人以其作为父母、夫妻或兄弟姐妹的社会身份相互作用和交往,创造一个共同的文化"[1]。美国学者默多克(George Peter Murdock)认为,"家庭是一个社会群体,它的特点是共同的居所、经济上的合作和繁衍后代。家庭包括两种不同性别的成年人,其中至少有两人维持着一种社会认可的两性关系,还包括以两性关系为基础共同生活的成年人的子女,一个或一个以上,亲生的或是收养的。"[2]在我国学术界,对于家庭如何定义也有很多争议,不同之处主要集中在家庭这个概念的外延,对其内涵(本质)的认识基本趋于一致:"家庭是一种社会生活(或人类生活)的基本单位。"[3]

---

[1] BURGESS E W. The Family: From Institution to Companionship [M]. New York: American Book Compang, 1953.

[2] MURDOCK G P. Social Structure [M]. New York: The Macmillan Company, 1949.

[3] 张瑞强. 家庭社会学新论[M]. 石家庄:河北人民出版社,2014.

尽管关于家庭的定义较多,很多关于家庭的研究是以血缘或者婚姻关系定义家庭的,但由于计划生育特殊困难家庭的特殊性,一些"失独"家庭在失去独生子女的同时,也失去了配偶,已经不存在血缘或者婚姻关系。但尽管如此,这些家庭依旧不能脱离社会和家庭形态本身单独存在。因此在本研究中的"家庭",以"户"为单位,参照"家庭是一种社会生活(或人类生活)的基本单位"这一界定。

(二)计划生育特殊困难家庭

从2001年开始,我国便有学者开始关注"独子"政策中形成的特殊家庭,学者们最初多使用"独生子女意外伤亡""独生子女伤残、死亡"和"计生特困家庭"来描述研究对象,但缺乏明确的定义和划分标准。[1] 2001年出台的《中华人民共和国人口和计划生育法》中使用的也是"独生子女发生意外伤残、死亡的家庭"。2005年,尚淑萍首次在文献中使用"计划生育特殊困难家庭"一词,但未对该概念进行阐述。[2] 直到2008年,国家卫生和计划生育委员会在《关于完善计划生育家庭特别扶助对象具体确认条件的通知》中,才明确提出了相关家庭的评判标准。同年,王广州等根据这一评判标准对独生子女伤残、死亡家庭进行了概念性界定,提出此类家庭必须满足以下4个条件:一是夫妻双方在1933年以后出生;二是年龄≥49周岁;三是只生育了一个子女;四是

---

[1] 李泽.城市独生子女伤残、死亡家庭情况及其父母养老问题研究综述[J].湖北成人教育学院学报,2012(5):76-78.

[2] 尚淑萍.建立救助计划生育特殊困难家庭档案初探[J].档案,2005(5):38-39.

现无存活子女或独生子女被依法鉴定为残疾(伤病残达到三级以上)。① 2013年12月,原国家卫生计生委等5部门《关于进一步做好计划生育特殊困难家庭扶助工作的通知》和原国家卫生计生委2014年1月10日《关于开展计划生育特殊困难家庭社会关怀的通知》中将计划生育特殊困难家庭界定为独生子女伤残或死亡、未再生育或未收养子女的家庭。

2018年3月29日,国家卫健委《计划生育特殊家庭服务管理信息标准和规范》中,将"计划生育特殊困难家庭"更名为"计划生育特殊家庭",界定其为同时满足"只生育一个子女或合法收养一个子女;已领取独生子女父母光荣证;现无存活子女或独生子女被依法鉴定为残疾(伤病残达到三级及以上)"3个条件的计划生育家庭。

本课题于2017年立项,课题申报时课题组是以原国家卫生计生委等5部门《关于进一步做好计划生育特殊困难家庭扶助工作的通知》中的名称和界定为依据,因此本研究中也继续沿用了"计划生育特殊困难家庭"一词,并将其界定为在实施独生子女政策期间依法领取了独生子女证,但独生子女残疾或死亡,且未再生育或未收养子女的家庭。实质上,计划生育特殊困难家庭包括了两类:一是独生子女死亡而未再生育或领养的家庭,通常称为"失独"家庭(见后);二是独生子女被诊断为三级以上残疾(包括体残疾、智力残疾和精神残疾)的家庭。由于针对"残疾"界定的理论模式的转变(参见第五部分),在研究中我们也认同独生子女的残疾为"残障",简称为"独残"家庭。依据政策规定,独生子女患病但未达到残疾标准的家庭并不属于此类家庭的范畴。

---

① 王广州,郭志刚,郭震威. 对伤残死亡独生子女母亲人数的初步测算[J]. 中国人口科学,2008(1):37-43.

（三）"失独"家庭

在以往的研究和报道中，最受关注的一类计划生育特殊困难家庭是"失独"家庭。2011年，北京大学人口所课题组在《中国延安干部学院学报》上发表了《计划生育无后家庭民主关怀研究——以辽宁省辽阳市调研为例》一文，这是我国学者首次专门针对独生子女死亡家庭的研究，但当时"失独"一词并未产生。直到2012年，《广州日报》发表了一篇题为《暮年丧独子，他们的余生该何去何从？》的报道。在这篇报道中，"失独家庭"才首次作为一个专有名词被提出。

有关"失独"家庭的界定，官方机构和学术界一直都没有统一的标准。目前最具权威性的是2007年颁布的《全国独生子女伤残死亡家庭扶助制度试点方案》对独生子女死亡家庭即"失独"家庭的界定。该方案指出，所谓"独生子女死亡家庭"需满足4个条件：一是父母于1933年1月1日之后出生，二是女方须年满49周岁（含），三是只生育过一个子女或合法收养一个子女，四是现无存活子女。国家规定父母须在1933年以后出生，是考虑到我国从1978年开始施行计划生育，而1933年以后出生的母亲在1978年正好处于我国当时规定的育龄妇女年龄上限（45周岁）。换句话说，只有出生于1933年以后的妇女所生的独生子女才有可能是因计划生育政策限制而形成的。规定女方需要年满49周岁，是因为我国现行政策所称的"育龄妇女"其年龄上限是49周岁，妇女年龄大于49周岁以后，医学理论上认为其已不具备生育能力。这项政策规定"失独"家庭需满足只生育过或者收养过一个子女，并且现在无子女存活，也就是说，那些独生子女死亡后选择再生育或者收养一个子女的家庭，就不再属于"失独"家庭的范畴。

学术界对"失独"家庭进行概念界定是从 2012 年开始。蔺际俨认为"失独"家庭是由于疾病或意外导致独生子女离开父母所形成。① 尤佳提出"失独"家庭是指已经失去了家里唯一的孩子,并且父母年龄在四五十岁以上已经不具有再生育能力的家庭。② 2013 年,陈恩对"失独"家庭的概念进行了探讨,他认为"失独"家庭不可一概而论,如果不严格界定"失独"家庭,将会造成全国"失独"家庭数量估计的误差。③ 他进一步提出了"失独"家庭广义和狭义界定:凡有独生子女死亡的家庭为广义"失独"家庭,而将独生子女死亡后再生育的家庭排除在外的"独生子女死亡家庭"称为狭义"失独"家庭。从广义上讲,只要独生子女死亡就可以被界定成"失独"家庭。但在现实生活中,某些原"失独"家庭也可能会选择再生育或者是收养子女,这时若从家庭结构来看,该类家庭就不再是"失独"家庭,这也就是狭义界定下的"失独"家庭。目前学术界多数学者提出的观点均属于狭义"失独"家庭,如柳志艳描述:"'失独'家庭是指其独生子女因疾病、车祸、犯罪、工作、自杀、灾害等原因死亡,从而永远失去独生子女的父母,其年龄大多在 50 岁以上,且一般情况下,由于年龄或其他原因不能或不愿再生育、收养子女的家庭。"④ 张前龙认为:"'失独'家庭是指受计划生育'一胎'政策影响,因大龄独生子女意外死亡,夫妻

---

① 蔺际俨. 我国失独家庭现状及对策分析[J]. 西江月,2012(21):121.

② 尤佳."失独家庭"之痛谁来抚慰[J]. 祖国,2012(22):26.

③ 陈恩. 全国"失独"家庭的规模估计[J]. 人口与发展,2013(6):100–103.

④ 柳志艳. 勇敢地生活下去——呼唤社会关注失独者群体[J]. 学理论,2012(20):57–58.

不能或不愿生育的家庭。"①

在本研究中，我们认为"失独"家庭就是计划生育特殊困难家庭中的一类，不应再单独进行划分。基于家庭功能的视角，这些家庭的独生子女均可视为"死亡"状态，"失独"家庭是躯体死亡，"独残"家庭可视为社会死亡，独生子女在家庭中均未能按照社会期望履行其角色和发挥一定的功能，许多残障独生子女也遭受到明显的社会排斥。此外，由于计划生育政策是以夫妇为单元落实，因此，本研究中的家庭都以夫妇为单元进行调查和分析，"失独"后离婚或丧偶的家庭也视为一个家庭。

二、走进他们的家

（一）被调查家庭的基本情况

本研究共调查了 122 个计划生育特殊困难家庭，其中城市户籍家庭 78 户，农村家庭 44 户。被调查对象中女性居多，占 70%，这并非是研究者的主观意图，而是一些客观因素造成的：一是女性单户主家庭较多，二是大部分愿意接受访谈和调查的为女性，三是少部分家庭男性成员因病无法接受调查。被调查对象的平均年龄为 (57.79 ± 10.21) 岁，其中有 23 名被调查对象年龄低于 49 岁，但这 23 人中有 19 人的年龄在 40~49 岁之间，只有 4 人的年龄在 32~40 岁之间，这些家庭均领取了独生子女证，且大部分家庭因生物遗传原因或身体条件已不能再生育。从婚姻状况来看，虽然夫妻均在世的家庭超过 50%，但同时也有接近 30%

---

① 张前龙，刘浩波，张斌斌. 失独家庭面临的困境及对策分析[J]. 管理观察，2016(17)：46-49.

的家庭因离异或丧偶成了单户主家庭，这些家庭还以女性单户主居多，这使得家庭在经济和健康照护方面面临更大的压力。如表2所示。

表2 被调查家庭基本情况

基本情况	人数	百分比(保留小数点后一位)
性别		
男	36	29.5
女	86	70.5
年龄		
49岁以下	23	18.9
49~60岁	40	32.8
60岁及以上	59	48.4
婚姻状况		
夫妻均在	78	63.9
丧偶独居	26	21.3
离异独居	10	8.2
重组家庭	8	6.6
居住地		
城市	78	63.9
农村	44	36.1

(二)成为特殊困难家庭的原因

结合文献回顾和现场调查的发现，我们认同，独生子女家庭本身就是一种高风险家庭，独生子女在家庭中不仅是家庭成员之一，也是亲子情感交流、代际更替和养老送终的唯一对象。因此，独生子女发生意外情况导致家庭功能完全或部分丧失，是独生子女家庭成为特殊困难家庭最直接的原因。

按照国家政策中对计划生育特殊困难家庭的界定，将此类按独生子女情况再进行划分，实际上可分为两类：独生子女死亡和独生子女被鉴定为三级以上残疾的家庭。为使研究更具代表性和可比性，本次研究的调查对象中这两类家庭数量基本上各占一半（见表3）。若进一步按照残障类型划分，"独残"家庭的情况还并非完全一致，除了智力、肢体、精神残疾外，还有7个家庭的子女合并了多种残疾，例如智力残疾合并精神残疾，或者是精神残疾合并强直性脊柱炎等，子女的不同残疾情况也使得这些家庭面临不同的困难和需求。

表3 家庭独生子女情况

独生子女情况		家庭数	百分比（保留小数点后一位）
独生子女死亡		59	48.4
独生子女残障	智力残障	32	26.2
	肢体残障	11	9.0
	精神残障	11	9.0
	多重残障	7	5.7
	听力障碍	2	1.6
合计		122	100.0

课题组在各社区居委会了解到，有一部分独生子女家庭因独生子女发生重大变故，比如重疾和慢性病，造成了家庭困难。但这部分家庭因不符合计划生育特殊困难家庭的政策界定，不能领

取相关的补助，只能列入低保或家庭困难户的范围进行帮扶。在实际的调查中，课题组也走访了这类独生子女家庭，并进行了深入访谈，倾听了他们的困难和需求。

第四章 "困难"的解读

一、困难的泛化含义

"困难"一词出于《易·震》,"九四,震遂泥"。三国魏王弼注:"艾其震也,遂困难矣。"在百度百科里的释义为:困难,指处境艰难、生活穷困,亦指事情复杂、阻碍多。也就是说,在汉语中困难的定义有两个方面:一是经济上的贫困;二是处境的艰难。

通常,谈到困难人们首先想到的是贫困,并多倾向于经济层面的贫困。在调查过程中,我们也发现当谈及家庭的困难时,许多人对困难的理解也都侧重于经济层面的困难。例如,一位社区居委会主任这样说:"×××家是'失独'家庭,但是他家并不困难,他家很有钱……"另一位计划生育管理者也说:"如今政策已经很好了,国家每年都给这些家庭发放一些补助(扶助金),但有些家庭还不满足,有些家庭还不愿来领取。"由此可见,在大多数人,包括政策执行者眼中,对于困难的普遍理解多限于经济范畴,多地采取的帮扶政策也主要以经济援助为导向,尚未将这些家庭在生活中所面临的心理、社会交往等多层面的压力考虑到,也并未深究为何有些家庭"不满足",有些家庭"不愿领取扶助金"。对困难的解读不仅仅代表个人的感知,更体现了政府决策和社会对计划生育特殊困难家庭的理解与支持。计划生育特殊困难家庭是因独生子女发生死亡或残障等情况形成的社会弱势群体，在对弱势群体的研究中认为社会弱势是多种原因造成的，弱势群体改变自己处境的机会相当少，一个方面的弱势将会引起更多方面的弱势，"向上流动"困难，大多只能徘徊于社会底层。[①]在中国"多子多福、养儿防老"的传统文化背景下，独生子女发生重大变故的情况对于一个家庭而言，是毁灭性的打击，家庭失去的不仅是一个孩子，更是心灵的归属、精神的寄托和晚年的依靠，不仅仅是"钱"的问题。

二、困难的多维界定与识别

计划生育特殊困难家庭之所以定义为"特殊困难"，就意味着这些家庭的"困难"有着一定的特殊性，这些困难的产生不仅是家庭"需求"的深层根源，也是应对多样化需求，精准施策的重要依据。我们认为至少可以从以下 4 个层面对困难进行解读。

（一）困难的多维解析

无疑，困难首先来自于贫困。"贫困"是全球发展中的难题，国际上的相关论辩已跨越一个世纪，其界定也经历了由浅至深，内涵和外延不断丰富的过程。从 20 世纪初罗恩特里（Seebohm Rowentree）提出的"绝对贫困"到维克托·福克斯（Fuchs Victor）1967 年提出的"相对贫困"，有关贫困的论述主要集中在了经济学意义上对穷人物质生活水平的衡量。所谓绝对贫困是以社会上人们的基本生活为基准，用纯粹的物质指标衡量贫困。而相对贫困指相对于社会上其他部分人的生活水平而言，有一部分人处于社

[①] 李松柏，于鹏程. 中国弱势群体的成因、危害及对策[J]. 发展研究，2009(3)：89-91.

会水准的最下层。相对贫困测量的是财富或收入在不同社会阶层、社会群体之间的分配问题。① 由此可见，贫困首先并非是一个孤立且一成不变的概念，而是一个相对的和动态变化的状态。随后，学者们和国际组织不断加深对贫困的认识，研究焦点及贫困度量也逐渐从物质需求转向人文关怀、平等和人权。阿马蒂亚·森(Amartya Sen)认为贫困实质上是"交换权利"的缺失，更应强调获取、支配和控制基本生活物质的能力。② 联合国开发署《1997年人类发展报告》中还引入了"人文贫困"的概念，并将其界定为人们在寿命、健康、居住、知识、参与、个人安全和环境等方面的基本条件得不到满足，限制了人的选择。

我国的研究者也认为贫困是动态、多维度的概念，除经济收入外，它还包括许多非货币的维度，如健康、医疗、住房以及公共服务的获得等。③ 困难，又不止于经济的贫困。我们认为对"困难"的定义和识别可借鉴有关"贫困"的多维阐释逻辑思路，既要把握经济层面的"困难"，更应关注非经济领域的"困难"，它们均是造成弱势人群难以"向上流动"或脱离困境的根源。人口社会学认为，独生子女家庭是典型的倒三角形家庭结构，祖父母、外祖父母作为第一代在倒三角形最上方，父亲、母亲作为第二代在中间，独生子女作为第三代在倒三角最下面的尖角，构成了"四二一"的家庭结构。这样的家庭结构，一旦独生子女发生意外状况，

---

① 李强. 绝对贫困与相对贫困[J]. 中国社会工作，1996(5)：18－19.
② 阿马蒂亚·森. 贫困与饥荒——论权利与剥夺[M]. 王宇，王文玉，译. 北京：商务印书馆，2016.
③ 陈立中. 转型时期我国多维度贫困测算及其分解[J]. 经济评论，2008(5)：5－7.

整个家庭将完全失去重心，彻底坍塌，这就是"倒三角形坍塌定理"[①]。计划生育特殊困难家庭由于失去独生子女或者独生子女残障等原因，其家庭结构、家庭功能等必将发生根本性改变，其困难的显现也一定是多维度的，从实际调查中发现，除了经济上的困难外，更多家庭的困难还体现在身体、心理和社会交往层面，是一个多维困难的集中呈现。

（二）困难的多样性识别

从被调查家庭的基本情况来看，这些家庭虽都被统称为计划生育特殊困难家庭，但各个家庭的困难情况却各不相同。

首先，"失独"家庭中的子女死亡原因大致可分为意外死亡和疾病死亡两类，前者面临的困难更多是心理和精神层面的，他们大多因子女的突然离世，在心理上毫无防备，心理状况极度脆弱，甚至可因巨大的突发事件造成创伤后应激障碍。CHH爸爸家就是一个典型的例子。CHH爸爸的独子在28岁时因车祸突然离世，得知孩子去世的消息后他自己的头发几乎在一夜之间变成花白。而其妻子已绝经数年，却在儿子离世后的当月突然出现"月经"的迹象，经诊断并非器质性病变而是身体突发的应激反应。与突然离世相比，子女因疾病死亡的"失独"父母面临的困难则除了心理创伤外，还多有沉重的经济压力。这些家庭的子女往往曾患有慢重病，如癌症、肾衰等，长期高昂的医疗费用使这些家庭身陷贫困或债务的纠缠，许多父母在子女离世后仍需继续工作，甚至是承担多份工作以偿还债务。此外，在对"失独"家庭的调查中，存在"单失"和"双失"家庭，"单失"是指失去独生子女的家

[①] 李怡心."倒三角形坍塌"下的失独之痛及出路研究[J]. 社会科学论坛，2014(10)：194−202.

庭，而"双失"家庭则是在失去独生子女的同时失去老伴的家庭。在对"失独"家庭的访谈中，有访谈对象曾说："'双失'家庭比我们'单失'的'老火'（严重），我们至少还能相依为命，'双失'家庭就是真正的孤苦伶仃了！"

在"独残"家庭中，首先根据子女残疾的情况，大致可分为智力残疾、精神疾和肢体残疾3类。其次，根据婚姻状况、代际构成和残疾人数等，这些家庭又可分为单亲家庭（夫妻离婚、分居或配偶一方死亡或出走）、一户多残（一个家庭除了独生子女，父母也有残疾）、老残家庭（独生子女残障，父母年迈）等不同类型。同时，由于残疾类型和残疾程度的不同，其家庭在经济、精神、医疗等方面的困难呈现也是多样化的。总体上，这些家庭的父母往往又面临着有别于"失独"家庭的，包括身体、心理和经济3方面的困难：身体方面的困难大多表现为父母需长期承担对子女繁重的照护；心理方面主要是父母表现出来的心理压力，尤其是智力残疾子女和精神残疾子女的父母，他们时常担心子女的不正常行为引起其与外人的争端，和子女未来的生活来源；贫困也常常是这些家庭的一大特征，由于家庭劳动力有限，很多父母为了照顾孩子只能打临工，再加上子女的治疗、康复等开支，家庭经济负担十分沉重。

由此可见，计划生育特殊困难家庭仅是他们的一种身份标识，由于多重困境叠加，其"困难"的呈现各为不同。相关研究中认为只有多标志的特点才能反映出群体的跨群体或多群体需求，而目前单群体的社会政策无法满足多标志群体的叠加需求。因此，针对计划生育家庭的相关研究和社会政策也应建立多标志视角的接受原则、延伸原则、重点原则和交融原则。①

(三) 困难的身份标签和文化内涵

美国心理学家贝科尔(Howard Becker)指出:"人们一旦被贴上某种标签,就会成为标签所标定的人。"这就是社会心理学著名的"标签理论",一个人被贴上的某种"标签"是在他与其他社会成员交往互动中形成的。在我们的研究中,"困难"亦可成为一种身份标签,被打上困难标签的家庭往往自觉耻感,甚至极其排斥这一标签。被访谈的父母常表达出两种观点:一是根本不愿意承认自己的孩子有"残疾",甚至不愿意去申请或领取任何经济补助;二是不愿对家庭以外的人提起自己的家庭生活状态和经历,因为无法忍受别人"问东问西"和同情。在旁人看来,"困难"一词具有"被同情""被帮扶"的身份标签。而这样的身份标签也引出旁人不同的举动,有的人出于"将心比心"的情感产生同理心,也有的人出于"乐于助人"的心态,甚至有的人一厢情愿提供关心和帮助,当然也有人以"帮助也是杯水车薪"的托词对计划生育特殊困难家庭避而远之。由此可见,在计划生育特殊困难家庭的"困难"一词中,传递着深层次的文化内涵,包括"耻辱性""不健全性"和"功能散失性"。

G爸爸,65岁,独子患严重精神障碍,妻子也有轻度精神障碍

我不愿意带他看病的另一个原因就是不愿意他被带上"精神病人"的帽子,这个帽子一戴上就是一辈子,他周围的人会给他更多的指指点点,带来更多压力。他会

---

① 姚远. 我国老年人群体的多标志特征及相关政策构建——基于北京市老年残疾人视角[J]. 人口经济, 2009(2): 70-74.

生活在更多的指责声中。他其实很善良，从没有伤害过任何人，只伤害过自己，活在自己的世界中，但周围的人却不会如此善待他。我也从来不愿和别人谈起他，尤其是我单位上的同事，我以前是劳模，在单位上备受尊重，也曾经管过人；如果（被人知道）自己的孩子是这样，有少数人会同情，更多的人只会嘲讽，甚至说这是我管别人带来的报应。我不需要同情，更不需要别人的指责，我也要面子的。

（四）困难的自我认同和外界认同

计划生育特殊困难家庭的"困难"不仅是家庭内部的种种矛盾或冲突，同时还由此导致家庭的社会处境发生改变，加之上述"困难"所传达的文化内涵，这些家庭自身和外界对"困难"的认同和反应程度也并非协调一致。

从内部来看，被调查的许多家庭往往认为自己是一群具有差异性的人，甚至在自我意识中刻意边缘化自己，不愿意与其他人群交流、接触。在"独残"家庭中，由于家庭照料任务繁重，迫使这类家庭中必须有一个家庭成员失去工作机会在家承担照料子女的责任，而他们在社会交往中往往更加边缘化、弱势化。虽然有些家庭在信任关系中愿意吐露心声，但对外来者仍存有戒备心，在我们的调查过程中，某些家庭在多次接触和访谈后，他们都不愿透露有关子女和家庭状况的太多信息。

从外界看来，"困难"两字也传达着不同的含义，也由此引起"外人"对特殊家庭的不同回应方式。在情感上，大多数"外人"，尤其是其他独生子女家庭的父母均表示出一定的同理心，认为能够理解这些失去孩子或孩子患有重疾的父母的心情和处境，他们尤为可怜。在行为上，有些人主动提供帮助和关心；有些人表示愿意提供但不知道该如何帮助，怕触及这些父母的伤痛；同时也有些人表现出退缩，尤其是对独生子女残障的家庭，因为此类家庭的"困难"是持久性的，并非是一次性或短期帮扶可以解决的。

综上可见，计划生育特殊困难家庭中"困难"的界定不仅是多维度的，也是多面向的。现有政策大多把困难规限在了经济短缺的范围，这种单项性的笼统界定有时并未奏效，当事人和局外人对困难的理解，以及由此引发的情感和行为反应往往大相径庭。计划生育特殊困难家庭作为真真切切的当事人，他们对困难的解读是核心，是打开需求的豁口，相关政策的制定应避免对困难的主观臆断或误解，有效的策略往往能通过读懂"需求"而反思原理。此外，虽然在研究中我们保留了这些家庭名称中的"困难"二字，但为避免标签化和成规定见的形成，我们认为在未来工作中使用"计划生育特殊家庭"更为恰当，这些家庭独生子女的生存状况是一种家庭特点而非标签。

第五章　家庭骤变和多重困难的形成

　　家庭各项基本功能正常运作是保证整个家庭发展和维持家庭成员身心健康的前提条件。家庭功能的影响因素从横向角度上看包括家庭结构、社会经济地位、家庭居住地、家庭类型、家庭关系等方面，从纵向角度看，又包括发展阶段和生活事件影响等。①家庭功能与家庭需求是一种对应结构，这种对应结构的均衡程度决定了家庭的整体福利水平及每一个家庭成员的生活质量。家庭功能是一个系统性的结构，并且随着社会经济条件的改变而变化，不同类型的家庭或处于生命周期不同阶段的家庭，其功能结构也存在着差异。家庭是集生产、生活、生育及其他社会功能为一体的制度安排，并且与家庭成员的需求基本上是对应和均衡的。②

　　随着家庭生命周期的变化，不同家庭在各阶段均会面临某些共性或个性的问题和压力，但对于计划生育特殊困难家庭而言，普遍存在的事实是独生子女问题所致的家庭结构和功能的残缺，由此也造成这些家庭的生命周期发生了根本性改变。应该说纵观古今中外，独生子女家庭并非从未发生，但唯有中国影响面甚广，横跨前后30余年，波及千家万户；"失独"家庭也各国皆有，

---

　　① 尚秀华.家庭功能研究综述[J].黑龙江科技信息，2010(6)：93-93.

　　② 吴帆，李建民.家庭发展能力建设的政策路径分析[J].人口研究，2012(4)：37-43.

但唯有中国,独生子女的逝去不仅是父母心碎的开始,也是家庭传承命脉的断裂和家庭"合理"人口结构的崩塌,成为众多父母需时时刻刻警惕发生或已经发生的人生悲剧。本部分将着重从家庭结构和功能的视角,探讨计划生育特殊困难家庭在各个层面发生的变化及其差异。

一、社会变迁中中国家庭结构的改变

家庭结构是指家庭的类型结构。结构是家庭组织的基础,可分为人口要素(即家庭规模)和模式要素(即家庭成员之间怎样相互联系以及因联系方式不同而形成的不同家庭模式),前者是人口的数量和代际组合,后者是指家庭内部的代际关系、家庭形式和居住安排。从传统意义上划分,我国的家庭结构包括5类:(1)复合家庭,又叫联合家庭或者扩大家庭,指两代以上的夫妇及其子女亲属所组成的家庭,包括已婚的同胞兄弟在内,这类家庭人数最多;(2)直系家庭又叫主干家庭,包括夫妻、父母、子女,甚至第四代,但每代只有一对夫妻;(3)核心家庭,由一对夫妇与未婚子女组成的家庭,还包括单亲家庭和空巢家庭;(4)单身家庭,包括终身未婚或丧偶、离婚后过独居生活的家庭;(5)不属于上述的其他一些家庭类型。[①]

近40年来,我国经济快速发展,现代化进程不断加快,同时受计划生育政策的影响,人们的婚姻观念和家庭观念也在迭代更新,家庭结构也随之发生变化。2006年,中国社会科学院研究员王跃生以第五次全国人口普查数据为基础,并结合对第三、四

---

① 段庆林,吴光春. 我国城乡居民消费行为的比较研究[J]. 市场与人口分析,1999(2):55–59.

次人口普查数据的比较,认为当代中国家庭结构变动呈现出3种状态:(1)相对稳定的家庭类型。3代直系家庭是其代表,城镇3代直系家庭的维系得益于家庭内部管理的松弛,在农村则与独子比例增大有关。(2)明显上升的家庭类型。夫妇核心家庭提高幅度显著,实行20余年的独生子女政策是促使这一家庭类型增加的主要推动因素;隔代直系家庭增长率最高,它既是中国社会转型阶段的重要现象,又是社会发展具有缺陷的反映;单人家庭也有增长,青年人晚婚和老年人口预期寿命延长、老年丧偶比重提高是主要影响因素。(3)以下降为表现形式的家庭类型。缺损核心家庭明显减少,标准核心家庭有所下降。后者的降低主要是夫妇核心家庭上升所致,或为核心家庭内部不同类型调整的结果。今后一段时期内中国的家庭结构总体上将持续这种状态,一些家庭类型将发生进一步的变动。[①]

可见,由于社会发展和人口生育政策的实施,当代中国家庭结构趋向于小型化、核心化。中国家庭的核心化局面在20世纪80年代初期即已形成。"第五次人口普查"数据揭示的新变化在于,夫妇核心家庭迅速上升,单人家庭继续增加。尽管3代直系家庭的总水平相对稳定,甚至在农村有所增长,但家庭结构的小型化趋向仍在继续。《中国家庭发展报告(2016)》中提到:"2014年中国家庭发展追踪调查结果表明,城乡平均户规模为2.72人,从户内人口数量看,以2人户最为普遍,近半数户为1代户;核心户已经成为主导类型,约占六成。户结构核心化的比例较高,且在城乡具有普遍性,与农村相比,城镇核心户更为普遍。"

虽然家庭结构变化所产生的影响是多方面的,但本研究的侧

---

① 王跃生.当代中国家庭结构变动分析[J].中国社会科学,2006(1):96–108.

重点是家庭结构的变化对家庭功能的影响。中国人民大学人口与发展研究中心杨菊华教授的研究提出，近代中国家庭结构的变化对家庭功能的影响主要包括以下几个方面：(1)家庭功能的社会化，公共服务业在一定程度上承担了原本由家庭承担的部分功能；(2)生养功能被异化，独生子女家庭父母对子女期望过高，将大量精力和经济资源投注到子女身上；(3)教化功能的弱化，低生育率时代，亲代对子代书本知识的过度关注和无微不至的生活照料，剥夺了后者学习和实践基本生活技能的机会，影响了他们生存适应能力的养成和提高；(4)赡养功能萎缩化，中国有着悠久的家庭养老传统和丰富的家庭养老经验，但是家庭结构的变迁直接冲击着家庭养老功能。[①] 家庭结构大量微型化、扁平化意味着家庭养老育幼功能的减弱与丧失，家庭发展存在着巨大的脆弱性和不稳定性，今后其负面作用将不断从家庭外溢到社会，成为制约国家和社会发展的严重问题。[②]

二、变迁中的计划生育特殊困难家庭

中国近代家庭的研究中，学者们普遍认为独生子女政策是导致中国家庭结构微型化、核心化的一个主要因素。在这样的背景之下，计划生育特殊困难家庭的变化更为明显、剧烈和特殊，集中体现了家庭结构突变后造成的家庭功能损伤及其困境的出现。在本研究中，通过对计划生育特殊困难家庭成员的深度访谈和功能量表测评，不难发现由于独生子女政策的实施和家庭不幸事件

---

① 杨菊华，何炤华. 社会转型过程中家庭的变迁与延续[J]. 人口研究，2014(2)：36-51.

② 周长洪. 中国家庭结构变化的几个特征及其思考——基于"五普"和"六普"数据的比较[J]. 南京人口管理干部学院学报，2013(4)：3-8.

的双重影响，计划生育特殊困难家庭的观念、结构和功能已然发生了深刻骤变。

为了能更清晰和全面的了解独生子女发生重大意外事件对整个家庭的影响，我们先从 4 个家庭的故事开始谈起。他们的故事只是计划生育特殊困难家庭的一个小缩影，但从他们的故事里可以发现，计划生育特殊困难家庭发生的深刻变化是多种问题的交织、叠加和累积，并非是单一因素作用的结果。

案例一： ZH 妈妈，63 岁，集体所有制单位退休，初中文化，患有胆结石，离异后前夫病逝；独子小 L，40 岁，无业，低保，职高毕业，患有强直性脊柱炎和精神分裂症；现任老伴 76 岁，无子女，退休工人，初中文化，患有高血压等慢性病。

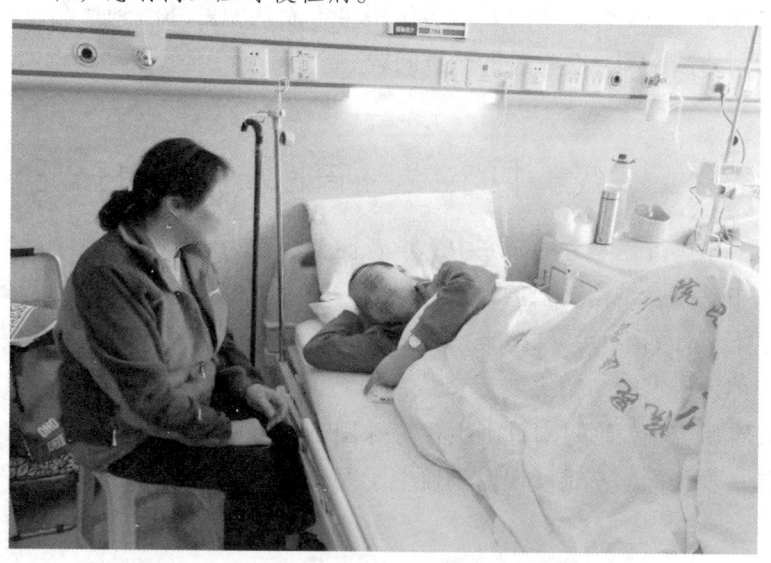

图 4　ZH 妈妈在医院陪伴准备接受第 2 次手术的小 L

第五章　家庭骤变和多重困难的形成

第一次与 ZH 妈妈的见面是在昆明医科大学第二附属医院骨科住院部，之前与她多次通话预约访谈，她每次都很忙，并一再解释她不能见面的原因是孩子时常需要到医院就诊，所以最终我们相约在医院见面。我们到达医院的时候 ZH 妈妈起初不在，她的儿子小 L 躺在病床上，从与小 L 的交谈中得知，小 L 的生父已经过世，ZH 妈妈和现在的老伴是重组家庭。在小 L 的口中，继父被称呼为"他"或者"那个人"，从他谈话的语气中能感觉出小 L 对继父的排斥和对母亲的依恋。ZH 妈妈见到我们很热情，在她眼中有人能到医院看望小 L 是一件温暖的事。

ZH 妈妈 1993 年与前夫离婚，儿子小 L 抚养权归父亲。1996 年她与现在的老伴再婚，结婚时老伴已有 56 岁，老伴是初婚，没有子女。1999 年小 L 患上精神分裂症，同年前夫病逝。因此，ZH 妈妈只能把儿子接过来和自己及现任老伴一起生活。住房是位于一层楼的一室一厅，当时老伴让小 L 睡在厨房，一楼的房子本来就潮湿，厨房就更潮湿，被褥经常都是湿乎乎的，来查煤气的人几次强调厨房睡人不安全。为此，ZH 妈妈经常自责，总认为小 L 现在患上强直性脊柱炎是因为当时让小 L 住了厨房引起的。

ZH 妈妈说："小 L 和老伴的关系就像'外国人'，我知道小 L 很关心我，但是他没有什么能力，但我能感觉小 L 对我的爱与关心。对于我老伴，一直都是我在让步，永远的让步，只是这几年老伴老了，我们关系才稍微缓和一些，因为他老了，也需要用得到我去照顾他，他才会对我好点。"

老伴一直不能理解 ZH 妈妈作为一个母亲的处境和心情，总认为小 L 拖累了他的生活，没住几个月，就将 ZH 妈妈和小 L 赶出家门。ZH 妈妈说："我一辈子都永远记得带着儿子走出门的情景，当时是一个大雨滂沱的夜晚，我借了一辆三轮车，小 L 坐在后面，我就拉了一个煤气罐和几件行李离开了家。我一直一直往前蹬车，大雨就淋在脸上，我都分不清自己的泪水和雨水……"

　　当时 ZH 妈妈从所在街道工厂下岗，每月只有 100 多元收入，把儿子送入精神病院接受治疗后，ZH 妈妈便开始四处打工。"那个时候我心里非常坚定，这个世界只剩下我可以扛起儿子的人生，我能找到什么工作就做什么工作，服务员、清洁工，几乎所有能做的工作我都做了个遍"。后来小 L 户口所在社区的居委会知道了 ZH 妈妈家里的情况，为小 L 申请了低保。2007 年，又帮助小 L 解决了单独立户的问题，才申请到了幸福家园的廉租房，终于 ZH 妈妈和小 L 才算有了自己的家。

　　2005 年政府统筹改革退休制度后，ZH 妈妈正式退休，也才有了每月 1000 多元的退休工资。然而，不幸再次降临，小 L 被诊断出强直性脊柱炎，经常疼得站不起来。因为没有钱，ZH 妈妈无法给小 L 采用较好的治疗方法。原来小 L 每月还需服用精神病药物，此时又雪上加霜，每月仅固定药品开销就需要 200 元左右。在访谈中，ZH 妈妈很自责，认为是她没有能力，没能给小 L 提供进口药品才造成了孩子的终生残疾。2013 年，小 L 脊柱断裂，无法行走，2014 年接受手术，术后因经济原因，没有进行后续复查和及时复诊，2017 年小 L 脊柱再次断裂，只好再次接受手术。

目前，ZH妈妈每月退休工资有1800元，小L有低保636元，残疾补助100元，计划生育奖励扶助250元，合计2786元就是母子俩每月的全部经济收入。平时遇到任何困难，ZH妈妈只能找自己的兄弟姐妹诉说一下，但大家都各自有各自的生活，很少能提供帮助。因为多年来都需要每天照看孩子，ZH妈妈完全没有自己的朋友，她这样描述自己的生活：

"什么事情都只能自己扛起来，无可奈何也没有办法，谁也帮不了我！我没有朋友，因为没有时间，我的所有时间都是儿子的，我只能守着儿子，守着他的吃喝拉撒。我也想出去散散步走走，但是不行，没有时间，儿子也离不开我。平时我心情不好的时候只有自己化解，没有什么地方可以诉说，以前我很压抑也很难过，觉得这辈子没有任何指望。后来我学了佛，因为学佛，遇到矛盾都告诉自己要找找自己的问题，所以慢慢自己开解自己。我觉得现在最大的困难就是小L的健康问题，只有小L健健康康的才是福气。说实话我也不知道我遇到了困难可以找什么地方帮忙。这辈子就只能过一天算一天。对于今后的养老，我肯定担心，不担心我就是个白痴了，但是担心也不敢多想，想了就活不下去了。我家这情况，不仅我自己的养老是个问题，更担心小L的养老，但是我一想脑子就一塌糊涂了，想了半天还是无法解决。只能告诉自己：'过去是杂念，未来是妄想，只能顾好现在。'如果说到养老，我最需要的帮助是经济上的，至少能让自己和小L有这个钱能进养老院；其次是人力帮助，我和小L都是老弱病残，衣食住行现在已经知足了，只希望在生病时候，动不了的时候,有人能帮帮自己和小 L。小 L 第一次做手术(的时候),没有人可以劝解一下自己,只有自己一个人看着天花板哭。"

第 2 天小 L 手术,早上 9 点进手术室,下午两点半我们再次到医院,ZH 妈妈还在手术室门口守着,整整 5 个半小时她一个人孤零零地看着大屏幕,无人陪伴。她自己也没有吃午饭,靠随身带着的两个煮玉米和一点水果充饥,看到我们来看她,她很开心,千恩万谢,把已经凉冰冰的玉米硬是塞给了我们……

案例二: CX 爸爸,50 岁;妻子 49 岁,现在药店打工;独子 2002 年出生,2 岁时确诊为重度自闭。

图 5 CX 爸爸患重度自闭症的独子每天的生活就是一个人关在家里,用播放机看歌舞

发现儿子得了自闭症后，CX 爸爸一度坚持送儿子去康复机构康复，那个时候康复机构每小时收费 40~50 元。按 CX 爸爸的话说，之所以一直坚持康复是因为那时孩子还小，总觉得如果做康复孩子还有希望，加之国家对小龄自闭症康复有一些补助。为了给孩子做康复，CX 妈妈辞去工作，每天带着孩子奔波在家和康复机构之间。孩子 6 岁以后，政府就不再提供康复补助，全部为自费，因为经济负担过大，实在没有办法，CX 爸爸只能中断了儿子的康复训练。之后有整整两年的时间，CX 爸爸不得不辞去工作，每天陪着孩子在五华区新萌学校(特殊教育学校)上课，学校最早在城中心，后来搬迁到一个较为偏僻的地方，位置比较远，交通特别不方便，下了公交车都还需步行很长距离。

"学校里都是可怜的孩子，有些家长要上班没有办法，是由老人带着去的，那些老人每天都要转 2、3 次公交车，单边路程差不多需要一个多小时才能到羊仙坡。为了省钱，很多老人都自带凳子和饭菜在门口等着孩子下午 3:50 下课一起回家。那个时候有一位老人带着孙子上课，孙子下课后情绪很不稳定，把老人推倒了，老人颅内出血，住院又需要几万块钱，真是造孽啊！我们这种家庭根本经不起一点点风浪。我也是自己自带饭菜等着儿子下课后一起回家，陪了两年后实在是心有余而力不足，每天天不亮就要起床出门，花 4 个小时在路上，上 5 个小时的课。加上经济也跟不上，每月政府补助 1000 元，但是要自费 1500 元，说实话，每月 1500 元的费用对于我们这个小家来说都很困难，思考以后，索性就不让孩子再去了，把孩子关在家里，我和他妈妈都出去找了工作。为了能给孩子做饭，我早上五点就要出门上班，中午一两点回来，这样就能给孩子做中午饭，下午也有点时间带带孩子。

"我儿子脾气不好，以前带着他出门遇到红灯，他就会自己从电动车上跳下来。吃饭前后我叫他抬菜、收碗，他都会做，但是他不会煮面条这些，吃的都是我整给他吃，我也不敢给他弄火，怕他把房子烧起来。如果以后我们不在了，这个娃娃怎么办啊？虽然他不会说话，但是我们说什么他也知道，有一次他被锁在厨房，他还知道去拿钥匙把门打开。他知道装东西的地方，他想要就会拉着我们过去打开拿给他。现在他自己在家我们就买了个老年机，他自己就抱着这个老年机听听老歌，看看视频。

"因为有了这个孩子，我们两口子夫妻感情必须要好，这样孩子也感受得到。以前我们为了孩子的问题吵过很多架，但从来都没想过要离婚。原来，我们双方父母都还在世，媳妇要照顾老人，没有时间、精力和金钱，所以没想过要生二胎。我每天都没有休息时间，孩子他妈上班要晚上才回来，我必须得带孩子。这孩子不喜欢待在家里，喜欢出去外面玩。一般我会骑电动车带孩子到附近免费公园走走，还会带儿子爬西山，等等。这孩子比较怕我，因为他大了，力气也大，说什么他都不听，我只有用武力教育他。有时候我老婆不让，但是没有办法，要不然根本整不住这个孩子。

"我家娃娃丢过好几次了。有一次他自己跑了，我们特别急，我们都报警找了，当时真的是手足无措啊！那天我带着他去训练，他从单车上下来就不见了，从下午 2 点到晚上 10 点都找不到他，我们请所有亲戚朋友一起帮忙找，后来还报警找。期间有人说在小板桥捡到了我儿子，我们去看了发现不是，后来还是派出所给我们打电话才找到的。还有一次他自己坐上了 58 路公交车，坐到了高新区，我们也找不着他。当时我们就想着，这样的娃娃本来就可怜，丢了被人把脚脚手手都砍了怎么办？只想着娃娃不会说话真的太可怜了，如果真的丢了怎么办？我们真是没有办法，这个娃娃太不听话了。如果他以后生病，就算我们怎么艰难，向亲朋好友借钱都会带他去医，他怎么都是自己的孩子，再怎么艰难也要带着他过日子。"

CX 爸爸 15 岁的儿子已经进入青春期，但他并不知道如何解决自己青春期的问题。在访谈过程中，孩子会旁若无人地时不时自慰，CX 爸爸有些尴尬，不停制止孩子，但却不知道该用什么方法正确引导孩子……作为有特殊孩子的家庭，CX 爸爸面临的很多困难或许是无法言表的。但对于他而言，人生中最担忧的还是孩子。如他所说："我没有时间去想我老了怎么办，静下心来我只会想如果有一天我们走了，这个孩子怎么办啊？"

案例三：J 妈妈，65 岁，企业退休职工，丧偶，失独，独自抚育家中 16 岁孙子。

J 妈妈是在我们多次联系后才答应接受访谈的，用她的话说是因为不太想和别人有什么交集。J 妈妈每月退休工资有 2308 元，每年还有 4080 元计划生育特殊扶助。

图6　J妈妈珍藏着孙子从小到大的各类奖状和奖牌

图7　在填写调查表的J妈妈

第五章 家庭骤变和多重困难的形成

J妈妈对自己的人生用3句话进行了概括——"幼年丧母，中年丧夫，老年丧子"，因此，J妈妈觉得自己的人生悲惨到了极点。J妈妈1976年结婚，1977年儿子出生，1987年爱人因病过世。2001年独子结婚，同年8月孙子出生，2007年儿子离婚，孙子的监护权归儿子。2010年儿子因肾囊肿晚期过世，从离婚到现在，儿媳只来看过孙子一次；儿子过世后，J妈妈就承担起了养育孙子的全部责任，儿媳也没再来过，也未曾给过一分钱的抚养费。说到这里的时候，J妈妈悲痛不已，不停地抹眼泪，还立即翻出了一个盒子，里面收藏着儿子生前所有的病情诊断和离婚协议，一遍又一遍地重复说着儿子生前的优秀和得病的经过。

在J妈妈珍藏的这个盒子里，还保存着她16岁孙子从小到大的各类奖状和奖牌。自从独子离世后，J妈妈便和孙子相依为命，J妈妈说孙子小时候是一个非常优秀的孩子，小学经常得到学校的表扬和奖励。那时候，祖孙俩关系特别好，孙子很关心她，有好吃的还会留给她。但随着孙子进入初中，慢慢长大，步入青春期，却变得不爱说话，还沉迷于电子游戏，逆反心理比较重，对J妈妈也不如从前尊重了。前几日孙子让J妈妈给他买个手机，J妈妈告诉孙子没有钱，孙子就很生气，几天都没有和J妈妈说话。她认为孙子和她产生隔阂的原因主要有两方面，一方面别人买得起的东西自己买不起，让孙子很自卑；另外一方面，她觉得现在的学校环境不好，互相攀比，所以别人有的孙子没有，孙子肯定心里有落差。

J妈妈说自己退休前在公司团委当副书记，以前也乐于助人，别人遇到困难自己也愿意帮别人。可是在儿子生病的那段时间，她就想找个人说说话，可别人都以为她要借钱，走路都绕着走，所以她就不再和以前的同事来往了。说起这段往事，J妈妈觉得社会很不公平，她说：

"以前我经济好的时候也会借钱给别人，但是我儿子生病、过世都没人借钱给我，所有人都在躲着我，好像我就是会要钱一样，大家都怕我，我也不想和任何人来往。我现在连家旁边的广场都懒得去，只是在家自己一个人打毛线和钩花。我们小区是以前单位的团购房，一个单位的人都喜欢东家长西家短，相互比较，我才不想被别人说闲话，干脆就不出去，也懒得和以前的同事联系。

"我从来不参与社区的任何活动，生病就自己管自己，要不然还有谁管？前不久家里刚换了复合木地板，原来是地砖，我在家突然晕过两次，都摔在地砖上，后来自己躺在地上苏醒过来。去医院检查后才知道得了脑梗塞，我怕再在家晕倒摔伤了，所以就换了木地板。家里有事情也找不到人帮忙，上回家里沙发坏了，买了个新沙发，旧沙发要处理掉，但是没人要，请人搬走要出200元，我也找不到人帮忙抬走，也舍不得出钱请人，最后我只有自己在家敲了三四天，与孙子每天搬下楼扔一点，就这样差不多一个星期才处理完。

"我现在就是这个社会最底层的人了，过年过节都没人过问，在社会上应该算是多余的人。当年政府提倡计划生育，自己带头执行，还戴着大红花接受表扬。但是现在我是全单位过得最惨的，只想过一天算一天。我现在最大的困难首先是孙子，孙子就我这么一个亲人，可我老了,教育、沟通都是问题。我也想过,自己这一生命不好,我认了,对于孙子我也想为他做点什么,可是我都是个黄土埋到脖子的人,还能帮他什么?只有自己劝解自己,他长大成什么就算什么吧。这个世界上没有什么人会帮我,我也不想和别人相处,看到别人过得好,自己过成这样,想想心里就难过,命不如人啊!"

案例四:Z妈妈,54岁,丧偶,无业;28岁独子脑部结节性硬化瘤,影响肢体和智力发育,只有2岁儿童的智力,不会语言表达。

联系好Z妈妈做访谈的时候,她刚从医院出院。她的家在昆明一个老旧小区,光线很差,整个房子黑黑的,还有些阴冷。Z妈妈体重近150千克的独子坐在阳台上,高高壮壮,显得站在一旁的Z妈妈有些瘦小。因为患有脑部结节性硬化瘤,Z妈妈儿子的头顶被一块巨大的肿瘤覆盖着,他坐在阳台上不停地狂叫,Z妈妈大声呵斥制止他,但似乎没有什么效果。

图8　Z妈妈一贫如洗的家

图 9　Z 妈妈在帮儿子穿鞋

据 Z 妈妈介绍，儿子患的是罕见病，8 岁确诊，去过很多医院，也吃了不少药，做过好几次手术，欠了很多钱，但最后的结果却是治不了。随着儿子年龄的增长，病情越来越严重，现在是智力一级残疾，每天癫痫发作好多次，没有语言能力，大小便无法自理，吃饭也需要 Z 妈妈喂。由于孩子很小就发病，Z 妈妈一直没有工作，老伴去世后，这个家就只剩下自己和儿子，这么些年就靠自己每月 530 元的低保，儿子 600 多元的补助生活，好在有孩子爷爷留下的房子，母子俩勉强还能维持生活。

Z 妈妈家可以用"一贫如洗"来形容，家里没有任何电器，卧室里面放了两张床，一张床稍微整洁，另外一张大床有些污秽，因为儿子每天夜里会癫痫发作好几次，怕他咬到自己舌头，所以大床里面给儿子睡，Z 妈妈就睡在外面，紧挨着儿子，这样半夜方便照顾他。Z

第五章 家庭骤变和多重困难的形成

妈妈家里晒着很多婴儿尿不湿,她说是为儿子准备的,因为没有钱,成人尿裤太贵,只敢买点婴儿的尿不湿给儿子用,有时候就出去垃圾堆里捡一些,只要不那么脏,拿回来晒干了还可以用。

"我每天的钱都要算着用,每天买菜都要晚上再去,捡别人不要的、剩下的那种,可以省不少钱。这几天我住院,这辈子就第一次住院,没有办法,只好把老家的妹妹叫来帮两天忙,老家很远,平时也不好意思麻烦她们来帮忙,只有自己靠自己。我这辈子带着这个孩子,去哪里都不可能,人多的地方这孩子就闹腾,连公交车都没法坐。买菜的时候我就把这孩子锁在家里,不能长时间出门,要不然他就一直闹腾,大吼大叫得连4楼都能听见。我已经整不动这个孩子,洗澡也要我来弄,他一闹我就更整不动,只有拿个棍子吓着他。平时不敢带他出门,他一出门就会弄别人的车子,我也只有带着一根棍子,他'发神经'的时候就用棍子打他,这也是没有办法的办法,要不然我怎么整得动这么大个人。

"我把这孩子养那么大,已经完全不敢想自己的人生,他的病医不起,也医不了。小的时候听哪里医院可以医就到处带着去,也上过特教学校,12岁以后越来越严重,拉屎拉尿都控制不住,白天晚上的闹,我没有办法就只有用一根棍子管着他。他大叫大喊的时候整栋楼都能听见,虽然邻居都知道我家的情况,但每次出门遇上邻居,我还是拼命道歉,真的很不好意思。

"我从来没有想过老了要怎么办,过一天算一天吧,以后会如何谁知道呢?如果我死了,就把遗体捐献出去,把我儿子的也捐献出去。2008年时候工人医院(昆明医科大学第二附属医院)还专门对儿子的病例做研究，以后也把他的遗体捐献给医学做研究。就这样把自己都捐出去算了，要不然买公墓什么的都要钱，谁又来管？活着的时候这身体是自己的，死了就交给别人吧！"

Z妈妈的言语中透着太多的无奈，对于她而言，沉重的经济压力和照料负担或许已经让她无法喘息，她说自己"已经对人生没有任何想法，活到哪一天就算哪一天"。当她说这句话的时候，在她的眼睛里看不到任何的哀伤，平静得让人有些不忍……

三、悄然改变的生活

在上述4个案例中，我们可以窥见，独生子女家庭面临的最大致贫致困风险因素是独生子女的健康问题，除了死亡外，重大疾病和残障也可给家庭带来巨大冲击。一方面，子女病残导致家庭劳动力丧失，收入匮乏使家庭经济状况很快进入窘境，同时医疗费用的增加和灾难性支出再次将这些家庭推向贫困旋涡；另一方面，这些家庭可因贫病交加而打破良好的心理、家庭关系和社会适应状态，他们对病痛的解读往往不是疾病本身，而是贫病交加后的多重脆弱感和无力感，各类困境的叠加带来了一系列有关"家庭"的改变。

(一)家庭集体意识的塑造

在现代社会中，由于劳动市场和生活方式的转变，家庭内的决策已不再是个人生活领域中的独立片段，而是具有个人和制度的双重面向，也就是说社会制度对家庭决策产生影响，某种社会制度缺失或供给都左右着家庭发展中的抉择，甚至有可能会加剧或缓解家庭两性关系的冲突。① 在家庭生育决策中,生养孩子不再是家庭的"天命"法则,而是与劳动就业、两性社会分工、教育、生育调节等一系列社会制度相关。现如今,女性虽然可以从"人口统计学意义上的职责"中解脱出来,不再仅仅只为生养孩子而活,但是与此同时,"孩子"也在系列调节手段下变成了"被期望的孩子",父母则是"深思熟虑的父母"。出生孩子数量减少的同时孩子在家庭中的重要性也就更加凸显,夫妻关系中无法实现的渴望均指向了孩子,孩子的生命节律也成了父母生活状态的重要成分。在以往的许多年代或社会,年幼的孩子因饥饿、战争、灾难、疾病等较早死亡的概率远高于现代。新中国成立初期,中国人均期望寿命仅为35岁,婴儿死亡率为200‰,那时的众多家庭对于孩子的逝去并没有太多的怨责和持久的悲伤,似乎认为这是普遍存在的命运法则。与之相比,到2017年,我国的人均期望寿命已提高到76.7岁,婴儿死亡率下降至6.8‰,死亡概率的大幅度下降并未减少人们的死亡恐惧,反而加深了对生命的敬畏。一是现代医疗技术的进步和医疗保障制度的完善,使得生命或死亡变成了可以干预或挽留的事件;二是生育调节制度和措施使得子女成了家庭中被期望的重要角色。

从上述的几个案例中,我们均不难发现父母亲关注的、担忧的、伤感的并非是自己,而是孩子,这个"被期望"的孩子的生命价值被政策和技术干预大大提升了,以独生子女为重心和载体的生活方式已悄然成为中国众多父母的集体意识和价值取向。

---

① 乌尔里希·贝克. 风险社会——新的现代性之路[M]. 张文杰,何博闻,译. 南京:译林出版社,2018.

（二）家庭亲子关系的改变

余秋雨先生对中国人的家庭伦理观做过精辟的论述，有别于其他民族的"游牧文明"和"海洋文明"，中国人的家庭伦理是以农耕文明为基调，农耕文明是四季分明、作息规律的文明，其运行和绵续的前提就是家庭和家族聚居，以一定结构和伦理关系为依托形成稳定协作进行耕种的生活方式。[①]"家"对于个人来说既是安身立命的出发点和根本，也是意识形态上外延产生国家观念和爱国情怀的重要基础。费孝通对中国文化的解析也是以"土地"为支点，认为土地是安家立命之根，是固定聚居生活方式形成的前提。因此，家庭成为每个中国人的物质依托和精神支柱。在家庭中，保障家族的传承和延续是最重要的课题，"亲子关系"的权重也因此远高于"夫妻关系"，家庭的轴心是纵向的，而非横向的。

"我们的家既是个绵续性的事业社群，它的主轴是在父子之间，在婆媳之间，是纵的，不是横的。夫妇成了配轴。配轴虽则和主轴一样并不是临时性的，但是这两轴却都被事业的需要而排斥了普通的感情。"[②]

费孝通对中国家庭关系的纵向性论述，一是说明了亲子关系和夫妻关系的亲疏程度，二是表明了中国社会中，人们对家庭格局构建的重视程度。虽然阎云翔在对中国一个农村地区家庭变迁的考察中指出，20世纪90年代后，大部分夫妻的独立性已成为理想家庭模式的体验，横向夫妻关系已经开始取代纵向的父母亲子关系。但这一改变并没有表明中国家庭中的代际关系已然可以

---

① 余秋雨. 北大授课：中国文化四十七讲[M]. 北京：北京联合出版公司，2013.

② 费孝通. 乡土中国[M]. 北京：北京出版社，2011.

割裂。① 孙隆基比较了中西代际关系的差异,他认为西方人的代际关系主张"断裂",每一代在成长后都将成为独立的个体,代与代之间也不再产生牵绊。与之相比,受中国文化思想中"和合"的影响,中国的代与代之间则强调相互依附和制衡,下一代的重要程度和生活内容往往高于对"自己"的界定。许多父母往往在下一代成年之后依然把他们看作是"孩子",常把自己的思维模式强加于下一代,希望他们按照自己的生活方式和要求去行动。②

计划生育特殊困难家庭的出现却改变了这种以"纵向为主轴"且不可断裂的家庭亲子关系:对"失独"家庭而言,代际关系的突然断裂使得父母失去了自己的生活重心,许多被访谈的父母都提到"感觉生活没有了意义"。亲人逝去是人生常态,但白发人送黑发人的悲剧心态却道出了中国家庭长幼有序,其发展方向不可倒错的逻辑思维和对年轻死亡的排斥。长者对晚辈的追思有别于晚辈对长辈的悼念,前者代表的是伤痛与惋惜,后者代表的是敬仰和缅怀。对"独残"家庭而言,虽然"下一代"依然是父母的生活倚重,自我牺牲仍是为人父母应尽的义务,但子女却不能按照父母的期许去行动,承担自己的家庭角色,亲子关系也变为了单向的紧张状态。

(三)家庭结构的裂变

家庭结构是指任何一个家庭为了维护自身的稳定性,并在一系列变化的环境条件下寻求适应性发展,必然需要某种形式的内部组织,用来规定不同家庭成员独特的位置、角色、权利和义

---

① 阎云翔.私人生活的变革:一个中国村庄里的爱情、家庭与亲密关系:1949—1999[M].上海:上海书店出版社,2006.
② 孙隆基.中国文化的深层结构[M].北京:中信出版社,2015.

务,并决定怎样、何时以及与谁相关联,这就是家庭结构。一般而言,这种结构以无形的方式隐藏在家庭成员的行为反应、言语表达及情感态度中,因此,从家庭结构中可以看出家庭成员间的亲疏远近、联盟、界限等的关系。①

中国传统的家庭概念多是指包括两代以上的夫妇及其子女、亲属所组成的联合家庭,"儿孙满堂""四代同堂"等都是中国传统文化中对家庭的理解。而随着"独生子女"政策的实施,现在很多家庭都是三口之家,在家庭成员出现意外情况成为计划生育特殊困难家庭之后,其家庭成员在事实或者功能上减少,大部分成为残缺家庭。在本研究的调查中,调查人员接触到很多这样的家庭,在家庭发生独生子女意外死亡、重疾、重残等情况后,他们的家庭户类型变得更为复杂,有单亲重残户,一户多残户,单人户,等等。

"家"对于中国人有着深刻而重要的意义,"家文化"是传统文化中的重要内容,"家"已经不仅仅是一个社会单位的概念,更是中国人情感和血脉传承的源头,深深植根于每个中国人的心里。费孝通认为②,家庭是父母子所形成的团体。夫、妻和子之间构成了一个稳定的三角关系,这个三角关系不仅仅保持了家庭在结构上稳定的三角,同时也创造了一个联系"过去—现在—未来"的空间思维上的三角。结婚是序幕,开启了告别原生家庭,组建婚姻家庭,另一种感情生活的旅程;孩子的出生为夫妻共同生活经历创造了另一个平衡支点,是两人生物上的结合,情感上的纽带和"一件共同的工作、一个共同的希望、一片共同的前途"。有了

---

① 钟华. 家庭结构疗法的理论及发展[J]. 华中师范大学研究生学报,2004(2):62-65.

② 费孝通. 乡土中国[M]. 北京:北京出版社,2011:79.

孩子的出生和存在才完成了正常的夫妻关系，促进和稳定了他们的全面合作。三角关系被看作是正常家庭的必要形态，任何一方的缺失都会打破平衡，受到社会和他人的另眼对待。即使在所谓的扩大式家庭中，这种三角关系的基本结构也没有被抹杀。[①]

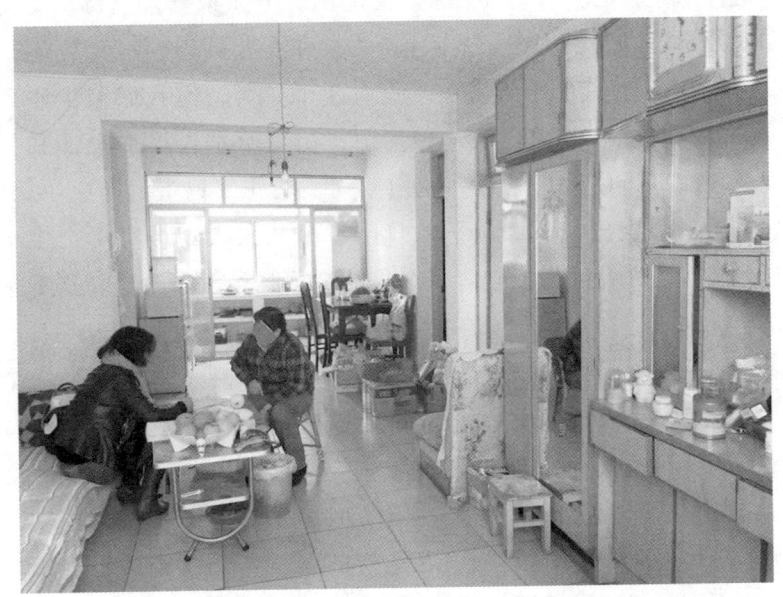

图10　与独自一人生活的 C 妈妈访谈

随着子女的逝去，"家"的裂变不断加深，"家"的结构因此变得愈来愈复杂和多样。"家"对于"失独"家庭而言，是一个裂变的过程：孩子的出生标志着"完整家庭"的开始，但随着孩子的过世，"家"的完整性就坍塌了，随之而来的裂变出现多种结局：重组、彻底分裂、保持不完整。

---

① 费孝通. 乡土中国　生育制度[M]. 北京：北京大学出版社，1998.

C妈妈（62岁，失独，丧偶），在丈夫和女儿去世之前她也曾有个幸福的家。那时，丈夫担任一定职务，收入也不错，女儿也非常出色，学习优异，兴趣爱好广泛，C妈妈对那时的生活充满了怀念。可是19年前的突发意外让她一夜之间成了孤家寡人，她这样描述自己如今的生活："我现在一个孤家寡人，自从丈夫和女儿走了以后，丈夫家的人说（丈夫和女儿）是被我'克死'的，我也没有和他们有任何来往。我有两个哥哥，但我们很少联系……没有必要联系，自己这种情况，都是给别人增加烦恼和负担。现在每天早上自己煮一碗白菜面，吃一个鸡蛋、一瓶牛奶，吃完后一个人出门买菜。下午自己一个人去大观楼绕1个多小时，然后回来自己做饭吃。一个人的饭菜吃不了多少，什么都是一小碗，吃着也不想吃。在家就是看看电视、睡觉，我也不喜欢找朋友玩，逛街也都是自己去。大多数时候，我都只是自己一个人待着，一个人的家。"C妈妈不仅失去了追求幸福生活的欲望，更断绝了与他人和社会的联系，似乎这种不完整的和孤立的状态才是一个遭受此等意外的家庭应有的结局。

受访的"失独"妈妈中不乏这样的案例，不仅经历了丧子之痛，还同时经历了婚姻的解体——她们的丈夫都在独生子女意外离世后毅然而然地选择了离异和再婚，原因很简单，孩子过世时妈妈的年龄已不再适于生育，其丈夫为了让自己能有个"完整"的家而选择了与更加年轻的女子重组家庭，这些"失独"妈妈也自然而然地变为了单户主家庭。

（四）家庭内部的平衡性"抵偿"

我们可以把"家庭"看作一个由多个人组成的集合体，它既要保持与社会外界的动态平衡，也要保持内部的动态平衡。每一个个体的位置、角色、状态都影响着整体的平衡，因此当某个人发生变化时,其他家庭成员都要为这种变化做出新的调整,这被称为平衡性"抵偿",而每个人在家庭内部制造的平衡或失衡都会影响他人的生活质量和健康状况。①

在与 G 妈妈(60 岁,失独,老伴 62 岁)访谈期间,她数次称呼自己丈夫为"老二哥",感觉温暖而亲切。他俩穿着很时髦的情侣装,感觉得出她和老伴之间的亲密。G 妈妈的儿子大学期间在一次和同学聚会的时候酒精中毒突然离去。虽然已经过了 20 年,但 G 妈妈还是很难接受失去儿子的事实,她说"要不是有'老二哥'陪着,我都不知道自己怎么活下去","两人相互关心,家务上都是'老二哥'操持,遇到有吵架的时候,都是'老二哥'让着我,所以也很少会吵架。家里有什么事情,'老二哥'也会让我做主,不会拧着我"。G 妈妈的老伴也说:"儿子走了家里就这么两个人了,当然只能相互关心,相互配合,我是男人,凡事就该多担待,多迁就她。"访谈中,从老两口的眼神和相互的交流中,能感觉得出在儿子离世后,老两口相互之间的相互依恋。

CH 妈妈(59 岁,丧偶,独女重疾)的女儿在 5 岁时因意外撞到头部后继发重度癫痫,在女儿成长的 28 年时间里,CH 妈妈与丈夫为女儿付出了所有的钱和精力,四处求医问药,各种偏方甚至求神拜佛都试过,但是女儿的病情却没有得到控制。CH 妈妈的丈夫 12 年前因肝癌病逝。丈夫患病期间,CH 妈妈又要照顾经常发病的女儿,又要照顾丈夫,她说:"我连朋友都没有,同学都知道自己的情况,聚会都不会叫我"。丈夫过世后,丈夫那边的亲戚也就很少与她和女儿联系。她女儿说:"从我爸爸不在了,到现在已经 12 年了,我只见过我爷爷 3 次,我奶奶去世时候我都

---

① 罗纳德·理查森. 超越原生家庭[M]. 牛振宇,译. 北京:机械工业出版社,2018:15.

没见到她。"然而对于 CH 妈妈，女儿就是她生活的一切，也是她在这个世界唯一的牵挂，当 CH 妈妈抹着眼泪谈到这里的时候，她女儿搂着她说："她是我的好妈妈！这就是为什么会说世上只有妈妈好！我真的很爱我的妈妈！"

计划生育特殊困难家庭在发生变故之后，原本由父亲、母亲和孩子构成的稳定的三角平衡状态被打破了，其他家庭成员的互动关系也随之发生改变，父母也力图通过寻找新的平衡点，重新构建稳固的内外平衡关系。在研究过程中，我们发现这些家庭更倾向于外部切割和内部紧密的状态，许多家庭主动切断与外界的接触和联系，而力图在夫妻或母子关系中构建出更为紧密的平衡性"抵偿"。这种紧密的家庭关系虽然有益于核心家庭成员之间的情感交流和相互支持，但若基于外部平衡来看，这种看似紧密的家庭关系却有一定的局限性和脆弱性，在缺乏外部支持的境遇下，家庭发展受限，并且更加难以抵御风险冲击。

（五）家庭功能的明显丧失

家庭治疗学者认为，家庭可分为不同的子系统，子系统的存在就是为了完成整个家庭系统的功能运行所需的各种任务。而配偶、父母和子女就是家庭内最突出的和最重要的子系统。在一个功能良好的家庭，3 个子系统都以一种整合的方式运行，以保护家庭系统的分化及完整性。① 从结构功能论的角度看，功能与结构是密切相关的，② 要保证家庭功能的有效发挥，必须维护家庭结构的相对完整和稳定。完整的家庭结构、正常的家庭关系和稳

---

① 祝菡. 结构式家庭治疗的理论及其应用评析[J]. 社会心理科学，2007(22)：48-51.

② 潘允廉. 试论费孝通的家庭社会学思想和理论——纪念费孝通先生诞辰100周年[J]. 天津社会科学，2010(2)：52-57.

定的家庭状态是家庭功能正常发挥的前提，家庭功能的发挥受家庭结构、家庭关系以及家庭生活事件的直接影响。[①] 由于计划生育政策和避孕节育措施的推行，家庭小型化、核心化而导致家庭传统功能弱化已成为我国家庭的普遍特征。更进一步来看，对于计划生育特殊困难家庭而言，独生子女的逝去或残障首先必将导致家庭结构的改变，家庭成员关系也会随之发生变动，进而影响家庭功能的全面发挥。

在本研究中，课题组使用了家庭功能量表（FAD）对122个计划生育特殊困难家庭进行了问题解决、沟通、角色、情感反应、情感卷入、行为控制和总体功能7个维度的全面调查。每份量表共计60个条目，每个条目采用4分制，从完全同意到完全不同意分别对应1~4分的评分，对于评价家庭不健康功能的条目需要计算该条目的转换分数，即5减去打分值，作为该条目的实际得分。一个条目只代表一个维度的评估，每个维度又由6~12个条目组成，各维度的最终测算值等于该维度全部条目的平均得分值。将每个维度测算出来的实际分值与临界值进行对比，当一个维度的实际测算值低于临界值时，表明该维度代表的家庭功能发挥良好；反之，实际测算值高于临界值时，表明该维度代表的家庭功能发挥欠佳，简而言之，实际测算值越高，对应维度的测评结果也就越差，也就说明该维度的家庭功能发挥不良。若四个及以上维度的实际测算值均高于临界值时，表明该家庭的整体家庭功能都较差。基于文献检索结果，目前我们国家几乎没有针对此类家庭的家庭功能评价分析研究，仅有肖桐在2017年使用过该

[①] 杨宏伟，汪闻涛．失独家庭的缺失与重构[J]．重庆社会科学，2012(11)：21-26．

量表对 1 户家庭进行过测量。①

从表 4 可见,计划生育特殊困难家庭的总体功能以及各维度的实际测算值均高于临界值,表明这些家庭在问题解决、沟通、角色、情感反应、情感卷入和行为控制的功能发挥中普遍存在问题,可判定为整体家庭功能欠佳。进一步从各测量维度进行分析,行为控制维度测算值与临界值的差值最大,情感反应、角色和情感卷入维度次之。在被调查家庭中,从问题解决维度分析,健康和不健康的家庭数量相当,分别为 59 户和 63 户,其中功能最差的家庭得分为 3.7 分。而行为控制维度中健康和不健康家庭的数量悬殊最大,行为控制功能健康的家庭仅有 2 户,功能不健康的家庭高达 120 户且最差的家庭得分为 3.8 分,比临界值翻一番。数量差距第二高和第三高的分别是角色维度和情感卷入维度,角色功能健康的家庭占 17.21%(21 户),不健康的家庭占 82.79%(101 户),而情感卷入健康和不健康的家庭分别有 24 户(19.67%)和 98 户(80.33%),其中有 2 户家庭情感卷入最差,得分为 3.9 分,远高于临界值。此外,在沟通、情感反应和总体功能 3 个维度,功能不健康的家庭皆在 80 户以上,数量上均比功能健康的家庭多 50 户左右,且这 3 个维度功能最差的家庭得分依次是 3.3、3.7、3.8。从整体来看,这 122 个计划生育特殊困难家庭中,4 个及以上维度健康的家庭有 24 户,占比 19.67%,而不健康的家庭有 98 户,占比 80.33%。

---

① 肖桐. 失独家庭的家庭功能失调与个案介入[D]. 南京:南京理工大学,2017.

表 4　被调查家庭家庭功能测算均值

(单位：分)

维度	实际测算值	临界值	最小值	最大值
问题解决	2.32*	2.2	1.0	3.7
沟通	2.37*	2.2	1.1	3.3
角色	2.67*	2.3	1.6	3.6
情感反应	2.57*	2.2	1.0	3.7
情感卷入	2.41*	2.1	1.0	3.9
行为控制	2.67*	1.9	1.9	3.8
总体功能	2.37*	2.0	1.0	3.8

*表示研究得到的家庭功能测算值高于临界值

为进一步了解不同计划生育特殊困难家庭的家庭功能状况，课题组分别对"失独"家庭和"独残"家庭的功能进行了测算和比较，结果如表5所示。首先，"失独"家庭7个维度的实际测算值均高于临界值，而"独残"家庭除问题解决维度外，其他维度的实际测算值也均高于临界值；其次，"失独"家庭在问题解决、情感反应、行为控制和总体功能4个维度的测算值高于"独残"家庭，而"独残"家庭在沟通、角色和情感卷入3个维度的测算值高于"失独"家庭；最后，经统计分析处理，两类家庭在问题解决和情感卷入两个维度的差异具有统计学意义。

表 5　两类计划生育特殊困难家庭的家庭功能比较

维度	实际测算值（分）		临界值（分）	P
	"失独"家庭	"独残"家庭		
问题解决	2.48*	2.18	2.2	0.015**

续 表

维度	实际测算值(分)		临界值（分）	P
	"失独"家庭	"独残"家庭		
沟通	2.36*	2.38*	2.2	0.900
角色	2.60*	2.74*	2.3	0.057
情感反应	2.66*	2.48*	2.2	0.121
情感卷入	2.24*	2.56*	2.1	0.013**
行为控制	2.70*	2.65*	1.9	0.394
总体功能	2.40*	2.34*	2.0	0.557

* 表示研究得到的家庭功能测算值高于临界值

** P<0.05 表示差异具有统计学意义

根据上述调查结果，我们认为当前计划生育特殊困难家庭的家庭功能已明显丧失，在7个维度中均存在问题。

1. 问题解决能力下降

肖桐在2017年针对南京市某社区30户"失独"家庭开展的研究中发现，某"失独"家庭的问题解决能力得分为3分，且大部分"失独"父母缺乏自信，不愿与外界往来，导致其可利用的社会资源减少，家庭问题解决能力下降。① 本次调查结果显示，计划生育特殊困难家庭在问题解决方面的测算均值达到2.32分，明显高于临界值(2.2分)，表明这些家庭对生活中出现的问题难以进行有效应对，且"失独"家庭更为突出。如表6所示，虽然37.7%的计划生育特殊困难家庭认为他们能在居住地附近解决大多数日

---

① 肖桐. 失独家庭的家庭功能失调与个案介入[D]. 南京：南京理工大学，2017.

常需求,但当家庭需要解决某一特定问题时,20.5%的家庭尤其是"失独"家庭认为他们从不需要进行讨论,在某问题被解决后,41.8%的家庭不会再重新讨论。当涉及感情问题时,15.6%的家庭无法镇静面对,18%的家庭会感到烦恼。

表6 问题解决维度各条目选项比例统计

问题解决能力的条目	很像我家人(%)	像我家人(%)	不像我家人(%)	完全不像我家人(%)
2. 在家附近能解决大多数日常需求	46(37.7)	55(45.1)	12(9.8)	9(7.4)
12. 常一起商量某事并采取行动	24(19.7)	41(33.6)	32(26.2)	25(20.5)
24. 某问题被解决后仍会被讨论	6(4.9)	28(23.0)	37(30.3)	51(41.8)
38. 能解决多数情绪烦恼	25(20.5)	48(39.3)	27(22.1)	22(18.0)
50. 能镇静面对涉及感情的问题	25(20.5)	47(38.5)	31(25.4)	19(15.6)
60. 会想尽各种办法去解决问题	47(38.5)	62(50.8)	7(5.7)	6(4.9)

结合定性数据的分析,我们认为导致这一问题出现的原因主要包括:(1)本研究中超过半数的父母已步入老年,随着年龄增长,这些父母的身体机能下降,出现行动和思维迟缓,也导致其解决问题的能力下降;(2)独生子女的"残缺"直接导致这些家庭在遇到问题时共同商议的对象减少,有些家庭的配偶也缺失了,

这使得家庭成员很难获得其他成员的意见或支持，共同找出应对或解决问题的方法和途径；（3）因为背负着子女死亡的沉重打击或对残障独生子女繁重的照护责任，这些家庭的父母通常不愿与外界接触，包括至亲好友，这进一步减弱了家庭可获得的社会支持和可利用的社会资源。

此外，调查结果还显示，"失独"家庭和"独残"家庭在问题解决维度上存在显著性差异，"独残"家庭的问题解决能力优于"失独"家庭，这可能是以下几方面的原因所致：其一，本研究中3人户的"独残"家庭占全部伤残家庭的76.19%。这表明大多数残障家庭仍属于核心家庭，父亲、母亲和子女的基本三角架构仍相对完整，这在某种程度上使得残障家庭的完整性优于"失独"家庭。其二，部分独生子女的残障是肢体残疾，对于这部分家庭而言，子女仍可以参与到家庭决策中，从而增强了家庭成员共同解决问题的能力。其三，许多独生子女残障的父母不得不为子女的治疗、康复、生存忧虑，他们在竭力保障家庭经济收入的同时，还需要寻找和利用各类医疗和教育资源，这些家庭也由此增加了解决问题的途径和资源。

2. 家庭成员间沟通不良

在计划生育特殊困难家庭中，家庭成员之间的沟通交流也存在明显问题，FAD量表对该维度的调查测算结果显示，这些家庭的实际测算均值为2.37分，明显高于临界值(2.2分)。该维度主要从成员间是否能相互理解、坦诚相待和温存感等9个条目进行了调查。结果显示，44.3%的计划生育特殊困难家庭成员之间能够坦诚相待，说话不会拐弯抹角，这部分家庭以夫妻健在的"失独"家庭和独生子女智力残障家庭为主；但当家庭中有人出现烦恼时，27.9%的家庭尤其是单户主的"失独"家庭缺少能够理解的人；31.1%的家庭中缺乏相互温存的话语，包括21户"失独"家庭和17户"独残"家庭且以智力残疾、精神残疾居多;当家庭成员的行为令人生厌时,仅有26.2%的家庭成员总是会直接指出来,而52.5%的家庭当某人生气时便不再进行交流。

通过与这些家庭进一步深入访谈后,我们了解到,造成家庭成员间沟通不畅的原因主要有四:一是子女的成长往往是父母谈论最多的内容和焦点,但独生子女残缺引发的伤痛让父母之间的话题也很少再触及子女问题,沟通交流的频率和话题也可大大减少,或是可因此发生争执,有些父母甚至把子女的死亡或病残归咎于自身或对方的失职,这使得家庭成员间更易发生冲突;二是由于丧偶、离异这些家庭也更容易出现独居状况,家庭成员也因此缺乏可倾诉的对象;三是独生子女残障的家庭中父母需要为家庭生计和子女的照护付出大量精力,沟通交流的机会和时间也因此减少;四是有些家庭中,子女和配偶可能同时患有精神障碍或疾病,除了繁重的照护任务外,也造成家庭成员间无法进行有效沟通交流。就如T妈妈(64岁,独子和丈夫均患有精神障碍)所描述,由于儿子和丈夫都有不同程度的精神障碍,她在家里基本上是"自说自话",有时候遇到难事,心情不好的时候或感到劳累时,只能自己一个人站在院子里"大哭"或"急得直跺脚"。

3. 家庭角色分工失衡

子女的残缺造成计划生育特殊困难家庭中原来相对稳定的由父母子女共同组成的三角结构出现裂痕或瓦解,[①] 本应由子女承担和履行的家庭角色也出现了缺失,如他们本应承担的赡养父母的角色,这种缺失不仅使家庭其他成员的角色需要重新划分,角

---

① 赵仲杰.城市独生子女伤残、死亡给其父母带来的困境及对策——以北京市宣武区调查数据为依据[J].南京人口管理干部学院学报,2009(2):55-59.

色定位也会发生转变,例如对于"失独"父母而言,父母在家庭中所承担的养育子女的角色发生了中断。在"独残"家庭中,母亲的照料角色被强化,还常常引起与其他社会角色间的冲突。在受访谈的某些"独残"家庭中,父母不仅要承担照护、经济支持的角色,同时由于子女不能如同正常孩子一般接受义务教育,父母还需完全肩负起教育子女的责任,有些父母碍于自身的受教育水平,自己不仅需要先学习各类各级的学科知识,同时还需要学习和掌握针对"特殊"孩子的教育方式方法。例如,被访谈的一些父母提到,为了孩子的康复、认知和学习,父母自身首先必须先接受专业的康复和教育培训,同时还常常自己开发、创造各类有利于孩子学习和成长的工具,在家中贴满各类词汇的图片或自己打印随时携带各类认知图片,自己每天为孩子授课或进行康复训练。

在家庭功能测量中,FAD量表以家庭成员所承担的职责、家务活分配以及家庭日常吃住行是否方便等11个条目为依据对这些家庭的角色功能进行了评价。调查结果显示,这些家庭的角色功能实际得分为2.67分,高于临界值(2.3分),表明计划生育特殊困难家庭中家庭成员的角色分配存在一定问题。进一步分析发现,一半以上的受访家庭都存在经济困难,并且21.3%的家庭成员尤其是"失独"家庭无法或不愿承担家庭职责,22.1%的家庭成员未能完全尽到对家庭的义务,这部分家庭主要集中在离异或丧偶的"失独"家庭以及子女智力残疾、精神残疾的"独残"家庭。而当家庭需要完成家务时,接近一半的家庭(43.4%)从不需要讨论谁做家务,一般由女性完成,且33.6%的家庭成员并不会帮忙分担家务。

4. 情感反应淡薄

在被调查的所有家庭中,几乎所有的父母都经历过或依然存在明显的心理困境,例如极度悲伤、无助感。许多父母还长期沉浸在痛苦与自责中无法自拔,对生活失去信心,遇到开心的事情也难以高兴。在有些家庭,当妻子多次在丈夫面前哭诉或表达忧虑时,丈夫甚至会产生反抗和抵触的情绪,从而诱发夫妻间的争执和矛盾。许多被访的父母也承认,自己不愿与外人交流,甚至断绝外界联系,对很多事情失去了兴趣和信心。而在FAD量表的测量中,许多父母在回答有关情感反应的问题时也多选择家庭成员间感情淡薄、缺少爱意等答案,结果如表7所示,虽然24.6%的家庭成员尤其是"独残"家庭认可亲密和温存在家庭生活中的重要性,但仍有36.9%的家庭成员从未对家人表达他们的爱意,有22.1%的家庭认为成员间彼此情感联系淡薄。当遇到困难或心情郁闷的时候,仅有五分之一的家庭成员会在家人面前哭诉,释放压力,这部分家庭主要是夫妻健在的"失独"家庭和"独残"家庭,同时也有近五分之一的家庭成员会压抑自身,拒绝和家人表露感情。

表7 情感反应维度各条目选项比例统计

情感反应维度	很像我家人(%)	像我家人(%)	不像我家人(%)	完全不像我家人(%)
9. 互相不愿流露感情	20(16.4)	39(32.0)	40(32.8)	23(18.9)
19. 家中有些人缺乏感情	27(22.1)	36(29.5)	34(27.9)	25(20.5)
28. 家人间彼此不表示爱意	37(30.3)	35(28.7)	28(23.0)	22(18.0)

续　表

情感反应维度	很像我家人(%)	像我家人(%)	不像我家人(%)	完全不像我家人(%)
39. 在我家亲密和温存不重要	27(22.1)	27(22.1)	38(31.1)	30(24.6)
49. 我们家将爱表达出来	21(17.2)	19(15.6)	37(30.3)	45(36.9)
57. 我们当着家人哭出声来	24(19.7)	49(40.2)	23(18.9)	26(21.3)

5. 情感卷入欠缺

有研究表明，独生子女家庭中，有些夫妻完全是为了给子女一个幸福成长的环境而勉强维持婚姻，一旦独生子女离世，夫妻之间唯一的情感联系纽带就出现断裂，或使得夫妻矛盾反而显现出来或升级，由此导致夫妻间感情淡漠或婚姻解体。[①] 不可否认，在我们的调查中也存在类似的情况，但这种情况并非导致家庭成员情感欠缺的全貌。FAD量表通过7个条目对情感卷入维度进行了测量，主要是关注家庭成员间的相互关心程度。结果分析发现，有15.6%的家庭倾向于以自我为中心，对家庭中其他成员的事情并不是很感兴趣。进一步分析，情感卷入最差的家庭是独生子女有智力残障和精神残障的家庭，而夫妻健在的"失独"家庭情感卷入程度较好，说明"独残"家庭成员间的相互关心程度欠佳，而夫妻健在的"失独"父母对彼此的关心程度较强。

---

① 宋莹. 风险社会视角下失独家庭的困境探析[J]. 呼伦贝尔学院学报，2016(2)：48－51.

对不同家庭的测量结果进行比较分析后发现,"失独"家庭的情感卷入功能总体上优于"独残"家庭,且差异具有统计学意义。结合访谈结果分析,这可能是由于在"独残"家庭中,父母不仅得不到子女的经济援助和日常照料,反而还需要照顾缺乏自理能力的残障子女,繁重的家庭经济和照护重担,以及对子女养育的高度关注及其未来的担忧弱化了夫妻间彼此的关注度。同时,在对"失独"家庭的访谈中我们也了解到,独生子女缺失后,某些夫妻关注的焦点会从孩子转移到对方,成为相依为命的彼此,夫妻间的关系和感情也变得更加亲密。

6. 行为控制弱化

FAD量表设置了9个问题,主要从家庭处事原则和家规两方面进行了测量,从而了解家庭对其成员产生行为控制的效力。调查结果表明,总体上计划生育特殊困难家庭在行为控制方面的能力十分薄弱,均值得分为2.67分,远远高于1.9分的临界值;25.4%的家庭尤其是"失独"家庭缺乏应对危险情况的原则和办法,当面临突发事件时,独生子女智力残疾家庭和单户主的"失独"家庭经常感到手足无措,不知如何是好;虽然有24.6%的家庭认为家庭中应设立规矩,但当家庭成员犯错误时,仅有4.1%的家庭会受到相应的约束,家庭规则对成员的约束力很弱。

根据本研究的访谈数据结合学术界现有的研究,我们推测影响计划生育特殊困难家庭行为控制功能的因素可能有以下几方面:一是家庭结构的受损弱化了家庭对内部成员的庇护作用,这直接导致结构残缺家庭在紧急情况发生时行为受到局限;二是独生子女的智力残疾或精神残疾可由遗传或孕期因素引起,许多父母尤其是母亲会把子女遭受的灾难归咎于自身,认为是自己的问题才会让孩子饱受疾病折磨,因此在自责心的驱使下会无限包容残障子女的过错;三是计划生育特殊困难家庭中的女性年龄多数已超过40岁，为逃避与丈夫离婚后需要自己养活自己的事实，多数女性会选择对丈夫错误的行为视而不见；四是"失独"家庭中的女性大多数不能或不愿再生育，她们会因为无法为夫家传宗接代而感到愧疚，有些女性甚至默许丈夫在外找别人生小孩的行为。此种情形下，家庭对成员的约束能力弱化或丧失，家庭成员评判是非的标准畸形化。

7. 总体功能不济

在FAD量表中，总体功能的测量条目最多，为12个，主要从家庭氛围、家庭成员信任度、家庭包容性以及家庭决策等方面进行考察。总体上，计划生育特殊困难家庭的总体功能得分为2.37分，高于2.0分的临界值。进一步分析发现，超过70%的家庭总体功能维度得分均高于临界值，最差的两户家庭得分均为3.8分，其中一户是丧偶独居的"失独"家庭，另一户是独生子女精神残障家庭。对各条目进行深入分析后发现，尽管41.8%的家庭认为成员间能和睦相处，但同时也仍有21.3%的受访对象表示家庭氛围差。当家庭遭遇困难时，约三分之一的家庭表示会相互支持、相互信赖，但事实上42.6%的家庭会避免谈论自己害怕和伤心的事情，25.4%的家庭成员不会相互分享彼此的内心感受，23.8%的家庭成员拒绝让家人知道自己的忧愁。在家庭需要对某事做出决策时，23%的家庭很难统一意见，23.8%的家庭成员间常因发生分歧而难以安排活动。

这些测量数据也印证了访谈结果，多数计划生育特殊困难家庭尤其是"失独"父母在经历丧子的沉重打击后，不愿在别人面前揭开伤疤，只会把所有的痛苦藏在心底。不论妻子还是丈夫，生活中能相互扶持却很难再因为某件事感到开心，所以家庭氛围和睦却并不快乐。另一方面,刘芳[1] 2012年对某康复会所11位精神疾病患者及家属进行访谈时也发现,家庭氛围好的受访患者会时常和家属分享自己的心事,相反的是,多数父母并不愿意将心里的烦恼告诉残障子女。在访谈"独残"家庭过程中我们也发现,父母们会与子女分享开心的事情却从不透露他们内心的痛苦,一是考虑到患病的子女可能无法理解自己的心事,二是担心子女知情后会加重其精神压力,不利于康复。同时,由于社会对残障人士的歧视、同情或怜悯,某些家庭成员表示无法接受自己的子女是残障的事实,导致家庭间争吵不断,家庭氛围紧张。

四、扛不起的家庭经济负担

虽然如前所述,计划生育特殊困难家庭面临的困难和负担是多方面的,但在所有困难中经济层面的困难较为突出,并常与疾病相伴,出现因病致贫或返贫,也可与其他因素交织,形成特有的贫困文化和陷阱。

(一)家庭经济入不敷出

有研究认为,独生子女家庭中子女结构形态影响着家庭的生计和发展能力。家庭在抚育发展时期,子女对于家庭而言主要是成本投入,但家庭发展到赡养阶段,子女对于家庭就是生计支柱。[2] 本次调查的计划生育特殊困难家庭中,有80%的城市家庭成员都是企业退休职工,普遍收入不高,家庭平均月收入仅有

---

[1] 刘芳. 慢性精神疾病患者的家庭韧力研究[D]. 昆明:云南大学,2012.

[2] 向德平,周晶. 失独家庭的多重困境及消减路径研究——基于"风险—脆弱性"的分析框架[J]. 吉林大学社会科学学报,2015(6):60-67.

3607元，人均月收入低于2000元，农村家庭的收入则更为有限，家庭平均月收入仅有1800元（见表8）。从表9和表10还可以看出，城市家庭中仅有25%的家庭月收入超过4500元，人均收入超过2500元，这些家庭大部分是夫妻双方健在且有退休工资的家庭，而在农村地区每月收入超过4500元的家庭为零。无论是城市还是农村，均有接近10%的家庭月收入低于1500元。总体上，农村家庭的收入水平低于城市家庭。

从访谈中还了解到，这些家庭的储蓄水平不高，许多家庭在调查时仍然背负着债务或曾经有债务困扰。这些家庭面临的长期经济压力除了收入微薄外，更重要的是子女的不良健康状况造成了大量额外支出或灾难性支出，包括子女就医、康复等，同时家庭对子女的成本投入也无法获得应有的回报，成年子女对家庭收入的贡献几乎为零，当家庭发展到赡养阶段，子女却不可能成为生计支柱。

表8 家庭收入基本情况汇总

（单位：元）

	全部家庭	城市家庭	农村家庭
家庭平均月收入	2955	3607	1800
人均月收入	1504	1964	688

表9 家庭月收入情况

家庭月收入	全部家庭		城市家庭		农村家庭	
	家庭数	百分比	家庭数	百分比	家庭数	百分比
<1500元	27	22.1	16	13.1	11	9.0
1500–2499元	27	22.1	11	9.0	16	13.1

续　表

家庭月收入	全部家庭		城市家庭		农村家庭	
	家庭数	百分比	家庭数	百分比	家庭数	百分比
2500－4499元	37	30.3	20	16.4	17	13.9
＞＝4500元	31	25.4	31	25.4	0	0

注：百分比按四舍五入，保留小数点后一位计算

表10　人均月收入

人均月收入	全部家庭		城市家庭		农村家庭	
	家庭数	百分比	家庭数	百分比	家庭数	百分比
＜500元	22	18.0	12	9.8	10	8.2
500－999元	29	23.8	5	4.1	24	19.7
1000－2499元	40	32.8	30	24.6	10	8.2
＞＝2500元	31	25.4	31	25.4		

注：百分比按四舍五入，保留小数点后一位计算

（二）家庭有偿劳动力短缺

病残是导致劳动力丧失的主因，无法就业和收入缺乏使病残者很快进入窘境。[1] 在计划生育特殊困难家庭中，子女本身就可造成家庭劳动力损失，同时许多家庭还需承担大量繁重的照护责任，父母中至少有1人常选择放弃就业，有些家庭的父母也可因自身疾病或多种原因无法就业，从而进一步导致家庭经济陷入危

---

[1] DAHLGREN G. Health and Health Care Within the Context of Comprehensive Strategies for Poverty Reduction: an International Outlook [R]. Hanoi: Ministry of Health, 2003.

机,有些家庭甚至仅靠政府发放的最低生活保障金维持生计。

L妈妈,65岁,老伴69岁有残疾行动不便,37岁独子重度抑郁症、双相情感交流障碍

我儿子没有工作,得了这个病根本就没办法找到工作,虽然不是一天到晚不能自理,但是家里总归需要人守着。我也年纪大了,老伴小时候得过小儿麻痹症,腿脚不方便,去年骨髓炎做了3次手术,现在只能坐轮椅。家里没有人可以帮帮自己。我儿子一发病就会出现幻听、幻视,大喊大叫,根本不听我的,我这个年纪也整不动他,病情严重了就送他去医院。我儿子这种情况,出租车都不愿意载,每次都是打电话问问侄儿有没有时间帮忙送一下,送一次还要给侄儿200元。

Z妈妈,54岁,丧偶,28岁独子脑部结节性硬化瘤,影响肢体和智力发育,只有2岁孩子智力,不会语言表达(案例四有叙述)

我把这孩子养那么大,已经完全没有了自己的生活,孩子爷爷奶奶也过世了,孩子爸爸也过世了,他们都走在前面,所以他们都比我幸福……儿子生活不能自理,给他买了尿片,尿片太贵了,用不起,只要是尿过的我就晒干了再给他用,去买菜都是捡着人家卖剩下的时候去,可以捡到一点菜回来。

(三)家庭贫困脆弱性凸显

脆弱性的概念发端于灾害学,后被引申应用于多个学科。脆弱性也是分析贫困的一个重要视角,一是用以预测陷入贫困或返

贫的风险,二是用以判断贫困主体对抗冲击的能力。① 由于收入和人力资本短缺,再加上医疗费用的增加,计划生育特殊困难家庭不仅需要背负沉重的经济负担,同时在健康、经济和社会层面也具有较高的脆弱性,难以抵御任何风险冲击,极易陷入长期贫困或因病致贫、返贫的恶性循环中,许多家庭也可因高昂的医疗支出而未能得到及时有效的治疗或放弃治疗,进一步导致并发症的出现。D妈妈的故事就是一个典型的例子,她从养育孩子开始就一直挣扎在拼命挣钱和还债的循环之中。

D妈妈,63岁,失独丧偶

我和我丈夫原来都是国企的职工,婚后生了一个儿子,儿子是82年出生的。当时政府就一直说"计划生育好,政府来养老",我们这代人都是响应了政府的号召,只生育了一个孩子。儿子20岁考大学,正是要用钱的时候工厂破产了,我和丈夫两人只好来昆明打工,破产后我们年龄还不到,不能到社保领退休工资,每月每人只有250元的生活补助,我们的生活补助就给儿子当生活费,我们两人打工的钱帮他交学费并维持基本生活,日子很艰难,但再艰难好歹全家人还是很幸福地在一起。儿子毕业后刚好学校不包分配,他就自己找了个工作,还去考了个律师资格证,儿子非常懂事。

2009年的时候他就会经常流鼻血,身上起了些小红疹,有时候哪里弄破了血也止不住。我们当时忙着打工,也没有特别在意,也没给他多一点关心。后来持续出现,我们才带着他去医院检查,一查出来就说是白血

---

① CHAMBERS R. Vulnerability, Coping and Policy [J]. IDS Bulletin, 1989, 20(2).

病晚期。我听到这个结果当时就要晕死过去了，医生说晚期治疗的希望也不大了，让我们考虑，但就这一个孩子，我怎么能说放弃，再难都要坚持治。儿子是合同工，单位才听说得病了就不再续签合同了，他本身就没了收入，我们家里也根本拿不出钱了，他上学的时候就是靠我们打工维持，家里没有什么积蓄。那时也没有什么社会捐助，也不知道向哪个去求助，只有跟亲戚朋友借，人家都很怕，知道我们是下岗职工，知道我们很有可能还不起，都不是很愿意借。儿子工作后，我们东拼西凑给他在昆明买了一小套房子。他生病后我们就搬来昆明，然后把以前的房子卖了，只卖了10多万，生起病来就是无底洞，10多万几天就不在了。医生说唯一的希望就是看看是否可以骨髓移植，我们就打算着把现在住的房子也卖了去治病。他曾谈过一个女朋友，女朋友不在昆明，生病后他跟我说，他不想拖累女朋友，人家还年轻，让我们尊重他的意思不告诉女朋友。他知道我们想把房子卖了，就把我和他爸爸叫去，他跟我说他对不起我们，大学毕业后正是他应该孝敬我们的时候，他却做不到，结果还在拖累我们，所以坚决反对我们把房子卖了，说如果把房子卖了，他一走，以后我们去哪里住？医生也告诉我们他即使做骨髓移植也已经晚了，意思就是无指望了。

儿子去世后我和他爸爸有半年都不愿出门，但我们差了6万元的债，必须还债呀，没有办法，还是只能出来打工。还好我以前的一个同事很好，他自己开了个厂子，就把我和他爸爸叫去工作。那时我每月可以拿退休工资了(900元)，他爸爸年龄还不够，只有400元生活补助。我们打工每月给我1000元,我丈夫400元,年底的时候给了我们2万元,就这样打工打了两年,终于把孩子看病欠下的债还清了。结果才刚刚不打工了(2013年),我老公就病了,有时候就是命。他说肚子疼,我们就去医院检查,检查出来就说是胆汁干了,并且和肝脏粘连,需要动手术。我当时就要晕了,我们才熬过了儿子(生病)的艰难时期,现在老公又要动手术。我自己的哥哥是一个人,中风,也需要我照顾,妹妹也是个下岗的,他们也根本帮不了我,我觉得我真是叫天天不应,叫地地不灵。在医院看病不是等这个检查就是等那个检查,连做手术都要排队等,我们哪里能等,多等一天的住院费都不得了……他去世后的丧葬费,墓地费就要6万多元,我根本没钱,大家东拼西凑给我都还差1万多元,又是去借。

L妈妈,65岁,老伴69岁有残疾行动不便,37岁独子重度抑郁症、双相情感交流障碍

我的经济压力很大,我和老伴都是企业退休,说难听点只有点"老米钱"(基本生活保障),儿子现在虽然拿着低保,但没有其他收入来源,他的药很贵,很多都是自费的,低保发的钱连他的药费都不够,都是我们老两口贴着给他,我们自己都不敢生病,养老钱都没有还要管着儿子,他一发病就要住院,一住院就是1万多元,都不知道如果我们走了,这个儿子怎么生活?

(四)特有贫困文化的形成

国内外均有研究显示,贫困容易发生在一些特定的地区和人群中,除了自然环境禀赋稀缺,以及这些地区和人群在社会、政治等方面受到的生存限制、发展滞后或社会歧视等因素外,贫困文化也是致贫和难以脱贫的一大根源。贫困文化的概念最早由美国人类学者奥斯卡·刘易斯(Oscar Lewis)在1959年提出,1996年在其发表的《贫困文化》一文中进行了系统阐述。主要是指某贫困群体形成的独特生活方式和文化价值观,例如贫困人口往往长期失业,与主流社会脱离,家庭生活和教育方式也明显有异于中产阶级家庭,他们的孩子更容易出现越轨行为和受到惩戒。更为重要的是,贫困文化还体现在群体特有的心理特征和态度上,许多贫困人口把自己视为无价值或边缘化的个体或群体,他们对外界漠不关心,缺乏自我发展的筹谋,更缺乏脱贫的意识和奋发图强的内生动力[1]。

在我们的调查中虽然缺乏对家庭贫困状态和程度的测量,但大部分接受访谈或被相关部门纳入成为计划生育特殊困难的家庭并不是富裕家庭,除上述的人力资本和就医支出等因素外,这些家庭本身也显现出一些特有的价值取向。他们大多收入有限,这并非是研究者抽样选择造成的偏性,而是中产阶级或富裕家庭很难被划归为"计划生育特殊困难家庭"。我们曾经与一位从事了15年计划生育管理工作的人员就此展开过讨论,他认为主要原因有三:一是他们在经济上比较宽裕甚至富裕,并不需要救助,所以他们不会主动寻求或期望获得政府救助,若非是单位职工,他们也很难接收到相关政策信息,自然也就被排除在申请登记的范围之外;二是这些家庭中如果独生子女发生意外,他们可以调动资源另辟蹊径,如用足够的积蓄购买高端的机构养老服务,有条件的甚至可以再生育;三是

---

[1] LEWIS O. The culture of poverty[J]. Scientific American, 1996, 215(4): 19-25.

这些家庭一般社会地位也相对较高,他们从心理上排斥外界对自身状况的了解,也不愿与众多相对贫困的"特殊困难家庭"为伍,沦为被人怜悯的对象。许多被访的家庭也证实,多年来他们很少能接触到经济状况较好的同类家庭。D妈妈曾透露,她的一个朋友也是"失独"的母亲,但家庭经济条件优渥,独子因意外在德国已去世多年,但除了告诉D妈妈外,这位母亲所有的亲戚朋友至今仍不知情,主要就是因为她始终不愿承认这个事实,更不愿让他人知晓,所以对外一直说孩子在德国。

X妈妈,64岁,15年前独子24岁时意外过世

我儿子不在了的那段时间,我完全不像一个人,像个鬼,又黑又瘦。开始很难走出来。我有一个从小一起长大的发小,知道我儿子的事情后,天天来我家找我,整天把我拖出去,不让我待在家,她每天都陪着我,那段时间她家就是我家。她每天都陪着我的时候我不太难过,但是只要自己待着也会特别难过。以前我们一家三口住在单位的房子,我们为了换个新的环境,借钱在这个小区买了现在这套房子,我从来没有告诉过周围邻居我家孩子的情况,都和别人说孩子出国了,这样大家都是一样的,我也不需要别人可怜同情我。

搬家到新的小区后,X妈妈在区计生局上班的亲戚告知她有补助,X妈妈去社区打听到社区会给计划生育特殊困难家庭予以补助,但是社区工作人员说要在社区公示她家的情况,X妈妈不愿意把自己家的情况让别人知道,她当时就拒绝了社区,"我宁愿不要钱,我也不愿意让别人知道我家的情况"。

在被调查的家庭中,我们还发现即使不富裕的家庭对"物质生活条件"的要求和期望也发生了改变。这些家庭虽然都在领取政府补助，但他们对此的看法却不尽相同：一些父母愿意接受经济补偿，并非完全是因为拮据，而是认为这是自己积极响应国家生育政策，做出个人贡献和"牺牲"后的合理弥补；几乎所有的被访父母都没有期望自己可以获得大量的经济援助，理解政府的"不容易"是大多数父母表达的首要原因，其次是许多父母并不希望自己变得"富裕"。中国式父母表达关爱的一种途径就是把自己节省下来的财富留给子女，"独残"家庭的父母为孩子余生而拼命存钱，自己十分节俭。"失独"家庭的父母却失去了奋斗和存钱的动力。随着孩子的离世，他们一方面认为"奋斗"已不再有必要性，金钱也失去了它的"实用"价值和存储的意义；另一方面，自己的生活不应再展现奢靡的状态，这是对逝者的一种缅怀和尊重。虽然有些父母在子女去世后仍拼命工作，但其主要目的是还债，一旦债务还清，自己也不再有挣钱的想法。因此，在我们调查的过程中发现，除了职业、疾病、退休保障金的影响外，有些父母是"主动"陷入拮据状态的，他们失去了追求美好生活和改变现状的内生动力。

在被调查的家庭中，也有少部分经济状况较好的家庭，他们对待"金钱"的态度基本上也是一致的。CHH 爸爸是事业单位退休的员工，和老伴两人每月的退休工资合计有 8000 多元。CHH 爸爸这样说过："以前存钱是为了孩子，为他上学、为他结婚买房，现在都不需要了，我和她的退休工资根本用不完，我们存了也没有用，所以我们到处去旅游，把钱给侄儿侄女，活着的时候就要把这些钱花了才好。"在调查过程中，我们曾遇到一个经济条件较为优渥的家庭，在独子意外离世后，夫妻俩说："我们已经没有'苦钱'（挣钱）的想法，我们喜欢去旅游，到处去看看，反正也没有什么念想了，经济条件也允许，想做什么就做什么吧。我老伴有次住院，一个病房里的病友是个贵州人，听说她家在一个偏远的农村。我老伴出院后,我们就和这个病友联系,去了她的老家,带了5万元钱去,一家一家送给村里的人,钱花完了我们才回来。也不是因为有钱就任性,而是在病房里相遇就是缘分,钱留着也没有什么意义。"

五、无法抚平的心理创伤

(一)计划生育特殊困难家庭面临的普遍心理困境

在我国传统文化中,"不孝有三,无后为大""养儿防老""传宗接代"等思想占有主导地位。在这样的文化背景之下,发生独生子女死亡、残疾的家庭承受着无法言说的伤痛,哀伤几乎成了所有被访谈父母的集体情绪特征。哀伤是一种复杂且难以被外人理解的情感,美国心理学家伊丽莎白·库伯勒·罗斯的"哀伤五阶段"理论认为,完整的哀伤过程包括拒绝与孤独(denial and isolation)、悲愤(anger)、讨价还价(bargaining)、压抑(depression)和接受(acceptance)5个阶段。对于计划生育特殊困难家庭,特别是"失独"家庭来说,独生子女的骤然离世,带给他们的是巨大的心理创伤,这种创伤也会经历类似"哀伤五阶段",但是存在家庭差异,很难严格划分这五个阶段。有的家庭停留在其中的某个阶段难以自拔,有的家庭可能反复经历其中的某个阶段,但总体上,对于"失独"家庭而言他们都自认"丧子之痛"是他们终身难以抹去的伤痛。

除哀伤外,自卑和自闭也是这些家庭普遍存在的心理特征。在社会竞争日益剧增的压力之下,大部分父母对独生子女寄予了过高的期望,但计划生育特殊困难家庭面对的则是"无望"的人生,他们普遍不愿提及子女,在他们的内心深处普遍无法接受谈及子女的问题,逃避、自卑,甚至自闭。加之社会上普遍存在的对精神疾病、智力残疾等的歧视与偏见,计划生育特殊困难家庭中独生子女的问题往往给父母及家庭带来极大的心理压力,他们通常不愿意让外人知道子女情况,甚至不愿意接受帮助。一位社区工作人员也这样描述:"我在社区工作那么多年,这个社区好几个特殊家庭的情况我都知道,我对这些家庭的印象就是'孤独',他们都不爱与人交往,按照国家规定社区要发放补助,但是他们除了来领补助,其他时候都不愿意来社区,我有时候会去他们的家看看,感觉对他们安抚,陪他们说话一点用也没有,时间长了以前觉得他们可以走出来了,但其实还是没有,一提孩子还是会掉眼泪。"

Y 妈妈,61 岁,独子 1 岁时因病夭折

我就像个祥林嫂一样,看见人就说孩子的事情,说完了就哭,每天打开电视看,但看什么自己不知道,一直看到电视里全部都是雪花点,每天不是打毛衣就是绣花,不想让自己闲着乱想,给自己不停找事情做,有时候说话前言不搭后语,说着说着就断片了……

LZF 妈妈,58 岁,独子成年后因白血病离世

孩子过世后,我从来不愿意和周围邻居说孩子的情况,有一次我头昏,感觉天旋地转的,打了 120 拉去医院,到了医院我也不好得和医生讲娃娃没在了,就说娃娃在外国,说他在外国来不了,没有办法只有靠我一个人……

C 妈妈,62 岁,19 年前交通意外失去了女儿和丈夫

丈夫和女儿走了以后,我有好几次都想自杀。有一次单位组织到澄江游泳,当游到很深的地方,心里就在想"如果这个时候有条大鱼把我吃了就好了!我就不用再一个人活在这个世界上了……"这种念头经常都会有,但是又想想自己还欠着10多万块钱,不能不还给其他人,才觉得自己有了一个活下去的理由。意外发生后的五六年里,我一直都走不出这个阴影,如果在大街上看到一家三口,根本控制不住自己的泪水,会哭很久很久。

GL 妈妈,54 岁,17 年前 13 岁独子因意外过世

多少年了,我都不喜欢上街,我怕路过街上卖小孩东西的商店,有时候在街上人家递个宣传页是关于孩子的,我的眼泪就忍不住下来了。这么些年来,我不想和同学、朋友有什么来往,因为同学、朋友的孩子都长大了,现在也是结婚、生子的时候了,我们单位的人孩子结婚也不会请我,因为我不会去的,听到这些消息自己都受不了,所以干脆就不要和任何朋友来往。

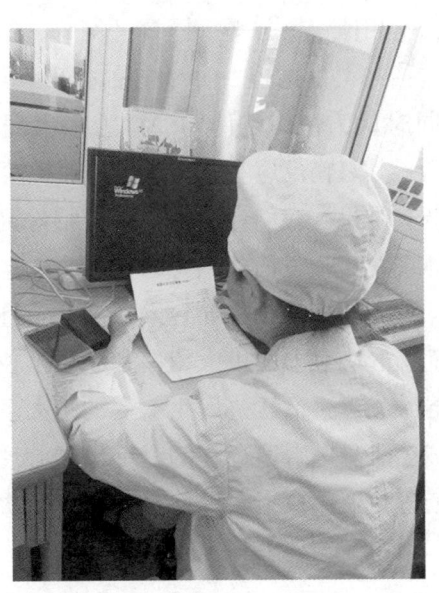

图 11　GL 妈妈在填写家庭功能量表

除此之外,很多家庭把自己的遭遇归结于命运,甚至将孩子的意外归咎于自己,陷入深深的自责中。"如果那个晚上我不让孩子出去吃那顿饭,他就不会食物中毒。如果我起床的时候去他房间看一眼,他就能抢救过来了……""我女儿小时候好好的,就有一次撞了头隔了一个月我们才发现孩子不对劲,怪我们大意了,要是早点孩子也不会生这个病……""那天要是不给儿子出去就好了,不去他就不会……""我怀孕时候感冒了,我吃过药,我一直想是不是我吃的药有问题,生出来孩子就不好"……很多受访者都存在着不断回想,不断自责的心理,他们不愿意接受独生子女的意外情况,又不得不去面对,使得他们更加敏感而脆弱。

曾有研究指出,计划生育特殊困难家庭的心理反应表现在情绪反应、认知反应、行为反应和生理反应4个方面。情绪反应包括:思念、孤独、自责、不舍、无望、烦躁、害怕逢年过节等;认知反应包括:不相信、不公平、怪自己倒霉、幻觉、反复回忆等;行为反应包括:哭、回避、冲动等;生理反应包括:失眠、疲惫等。研究同时认为情绪、认知、行为和生理反应是相互联系、相互影响的,其哀伤反应有着普遍性和独特性。[①]

结合实际调查结果,我们认为计划生育特殊困难家庭的普遍心理困境主要体现在3个方面:一是亲情缺失的悲痛心理。在人的生命历程中,重大的事件往往导致人的生活轨迹在瞬间急剧上升或下降,从而引起心理上的极大扭曲和断层。独生子女的病残或突发死亡是导致父母生活轨迹发生突变的重大事件,亲情缺失的悲痛心理也成了父母中普遍存在的最突出的心理问题。二是生活无助的焦虑心理。亚伯拉罕·马斯洛的需求层次理论认为,人

---

① 何丽,唐信峰,朱志勇,等.殇痛:失独父母哀伤反应的质性研究[J].中国临床心理学杂志,2014(5):792-798.

的需求由低至高分为5层：生理需求、安全需求、归属与爱的需求、尊重需求、自我实现的需求。吃饭、穿衣、住宅、医疗等生理需求是最强烈的不可避免的最底层需要，也是推动人们行动的强大动力。渴望生活稳定、免于灾难、未来有保障等安全需求也是每一个现实生活中的人都会产生的欲望。对于计划生育特殊困难家庭来说，不仅要承受精神打击，还要承受更多生活压力，生活的无助和无望使得他们倍感焦虑。三是老来无依的恐惧心理。家庭养老仍然是我国现阶段最重要的养老方式，而"养儿防老"不仅是我国传统孝道伦理的价值体现，更是家庭养老方式的核心观念。"不怕死，就怕老"是计划生育特殊困难家庭的最大心声。失去独生子女就意味着失去了最重要的养老资源和依靠，他们对"老"充满了恐惧。[1]

（二）"独残"家庭面临的长期心理损伤

以往针对"独残"家庭父母的心理研究并不多见，但有研究发现独生子女精神分裂症患者父母的症状自评量表总分及各因子分均明显高于正常独生子女的父母及全国常模，且有显著性差异。[2]另一项对精神分裂症患者照料者3年的随访研究也提到，所有照料者均感到害怕、恐惧，其中90.6%的人还存在睡眠障碍，他们中焦虑和抑郁情绪的评分高于常模。究其原因认为，由于精神疾病病程长、复发率高，家属不仅要承担大量的照护工作，还要承受较重的经济负担，同时因家属和精神病患者相处时间最多，容易受到急性期患者冲动行为的威胁等均会增加患者家属的焦虑、

---

[1] 候秀丽. 加强失独群体心理疏导的思考[J]. 桂林师范高等专科学校学报，2015（1）：136–139.

[2] 曹秉玉，胡蕾，王仁峰，等. 独生子女精神分裂症患者父母的心理健康状况对照[J]. 中国临床康复，2005（7）：21–23.

抑郁和恐惧情绪。①

在本课题调查中,独生子女病残问题的出现不仅常引发父母强烈的心理应激,还可形成持续性的影响。残障家庭的父母除了需长期提供照护外,还对子女当前及未来的生存状况忧心忡忡,加之长期与子女独处,容易与社会脱节,许多父母的情绪一直处于低落状态,得不到释放,感到疲惫的同时又对外界的反应高度敏感,心理平衡性差,容易造成心理韧性的损伤,甚至自身也出现精神疾患,影响日常生活。如同独子患重度自闭症的YJ妈妈所述:"每天带孩子上公共车对我都是一种煎熬,上车刷卡,'滴,爱心卡'就有人在看,那么大的孩子怎么用爱心卡?上车后他每次都要坐固定的那个位置,没人坐的时候还好,有人坐着他就要大喊大叫,我只有每天很早就出门,这样车上的人少一些,看我的人也少一些,感觉像做了什么见不得人的事情一样。他不会说话只会大喊大叫,最烦就是我一个人带他出去,我想上卫生间时也不可能带他去女卫生间,让他在卫生间门口等我,又怕他丢了,已经因为这样丢过一次……"

在之前案例中的Z妈妈(54岁,丧偶,28岁独子脑部结节性硬化瘤)在面对"无助"时不得不采取一些较极端的应对方式,瘦小的她无法管控体重近150公斤的儿子,她把儿子无端的精神亢奋称之为"发疯",在家里备有棍子,采取打骂的方式控制。

同样的,由于自闭症孩子存在旁人所不理解的刻板行为和情绪亢奋,公众很难了解他们的行为问题,这些同样给他们的父母造成很大的心理压力。在调查中,DD妈妈(全职,独子重度自闭症)曾这样描述自己的心理问题:"我有时候巴不得自己带着这个

---

① 陈爱学,苏雅芳,姚明荣,等. 精神病患者家属心理应激与家庭负担和心理健康状况的相关性研究[J]. 护理与康复,2015(4):311-314.

孩子去死掉，真的，我觉得活在这个世界对孩子、对我，每一天都是一种煎熬。我每天都要带他去康复，有一次孩子坐车时突然兴奋起来，大吼大叫的，我制止不了，司机就骂起来，我解释说孩子有病，司机却说：'有病你带出来干什么？'我当时眼泪就出来了。我不知道每一天我带着孩子走在路上，会有多少双眼睛在看着我，会有多少人在背后议论我，我只能劝解自己这是命，我只能承受！"

(三) 应对残疾的个人和医疗模式

从上文的诸多访谈实例中不难发现，几乎所有被访的独生子女残疾家庭的父母对"残疾"的认知和表达都是负面和否定的，这也是造成这些家庭父母具有较大心理压力的根源之一。公众舆论和媒体中不乏有关这些"残疾"家庭污名化、缺陷化、慈善化或超能化的描绘，可以说"残疾"的个人模式①仍是当今我国社会残疾认知的主流模式。② 在个人模式的引导下，残疾人多被判定为个体悲剧性状态，也是个体处于病态或缺陷或非正常的状态。2018年新修订的《中华人民共和国残疾人保障法》把"残疾人"就界定为："在心理、生理、人体结构上，某种组织、功能丧失或者不正常，全部或者部分丧失以正常方式从事某种活动能力的人。"因此，残疾人需要被同情和怜悯，也因其个体价值被否定而常遭受主流社会的排斥或被集中特殊安置。随着医疗技术的进步，解决残疾相关问题的焦点还进一步转移到了医学治疗、干预和修正措施中，残疾人参与工作的许可、职业范围、福利保障等都以医学

---

① 也有学者把个人模式归为传统模式、医学模式、慈善模式或缺陷模式。
② 蔡聪，崔凤鸣. 从"不可能"到"不一样"——DPO领导力手册[M/OL]. 上海：上海有人公益基金会. (2018-12-20)[2019-02-16] http：//www.yrfoundation.org/index.php？id=130.

鉴定及其标准进行划分。因此，在诸多受访家庭中，父母对残疾子女的态度首先是否定的，认为孩子无能或羞于与外界接触，多处于自我家庭内部的封闭状态。其次，父母不仅成为主要的照护者，也极力为子女的矫正和康复寻求各类医疗资源，把子女回归正常社会的希望寄托于医学进步。无可否认，医学技术和药物确实可以在残障的预防、治疗和康复中发挥积极的作用，但若残疾已成为若干个体和家庭必须面对的既定事实，否定、排斥、逃离、责备或默默承受则并非是有效地问题解决途径。

对残障的认知在国际上已发生了重大转变，2006年12月13日，第61届联合国大会通过了《残疾人权利公约》(Convention of the Rights of Persons with Disabilities)，中国政府于2008年6月经全国人大常委会批准，向联合国交存了批准书，成为该公约的第33个缔约国。这一公约的形成和通过标志着国际社会对残障的认知和行动导向已进入新的发展阶段，即社会模式和权利模式的倡导和推广，其宗旨是促进对残疾人固有价值、尊严和特点的肯定，促进、保护和确保所有残疾人能平等地享有作为人的权利和发展机会。社会模式主张把残疾看作是人类常态和多样性的一部分，残是个体损伤和功能局限，社会中存在的观念性、制度性和物理性障碍才是造成残疾人难以介入社会互动的关键。在中文语境中，"残障"则更能较好地表达这一模式的理念。因此，充分理解和尊重残障者的个体体验和对治疗、康复和支持的需求，除必要的医学治疗外，更应积极寻找途径消除社会障碍，完善和提供合理便利，为残疾人的平等参与尽可能地创造空间和可能性。

残疾本身和对残疾的认知都是动态变化的过程，每个家庭，每个人在一生中都有可能发生残疾状态，在既成事实的情况下，否定负面的情绪或过度医学化的矫正不仅不利于残疾人自身的生存和发展，同时也容易形成社会歧视和排斥。逆境转变的起点往往不是从责备和消极否定开始,而是从觉知起步进而推向积极行动的过程,从而减少灾难化认知的长期负面影响。

六、计划生育特殊困难家庭中的"男女有别"

(一)女性被强化的照护重任

"社会性别"一词是由美国人类学家盖尔·卢宾(Gayle Rubin)最早提出的。"社会性别"在英语中为"gender",它与"sex"(生理性别)是相对的概念。生理性别指的是与生俱来的雌雄生物属性,而社会性别是社会文化建构的产物,通过社会化而逐渐形成的符合社会期许的两性角色、行为、思想和感情特征方面的差别。[①]社会学家李银河认为,在社会性别的刻板印象中女性孕育生命,给孩子喂奶,哺育孩子,所以她最适合的角色是待在家里带孩子,做家务,而男性更适合赚钱养家。这一意识产生后便可逐渐演变为一个事实:在需要有人全职照顾孩子的时候,站出来的往往是母亲,甚至在大多数社会文化中,这似乎还是对女人所谓"母性"的诠释。有研究表明在美国提供照护服务的人群中,75%是妇女,一家之中男性主要负责经济收入,而对被照顾者进行如喂饭、洗澡等手把手、面对面照护的则是女性。在中国,相似的状况也普遍存在,由于受到"男主外,女主内"等中国传统社会性别分工的影响,"贤妻良母"一直被认为是中国女性的理想形象,女性也被认为是家庭照护者的主体。因此,无论是在社会还是家庭中,男性往往被认同是社会公领域的主导和主角,他们的劳动

[①] 郑新蓉. 社会性别与妇女发展[M]. 西安:陕西人民教育出版社,2000.

及其价值被社会所承认,是家庭收入的主要来源,充当了养家糊口的"工具性"角色;女性的角色却与之不同,她们常常被认为是私领域的主角,在家庭中主要发挥"情感性"和"照顾性"的功能,而她们在家庭领域的劳动价值却几乎不受重视和得不到相应补偿,甚至被看作是"三低"劳动:低技能、低价值和低声望。① 妇女常常还需同时承担照护者、配偶、子女多重家庭角色,其他角色与照护者的角色还容易产生冲突,增加了女性的压力。② 她们还会因繁重的家庭职责而放弃个人理想追求和其他社会联系,对自我价值的认同和生活的满意度也较低。③

在本研究中我们发现,这种性别角色差异在计划生育特殊困难家庭中更为凸显,并呈现出4种倾向:第一种倾向是加注在女性身上的多重照护责任。几乎在所有被访的家庭中,当独生子女出现疾病或患有残疾时,提供日常生活和健康双重照料的几乎均为母亲。在许多家庭中,女性还需承担多重照护角色,包括对子代、配偶和老年人的照护。走进ML妈妈(60岁,独女智力残疾)家中的一瞬间,眼前的景象让我们备感惊讶和疑惑:一个小女孩靠着门看着我们傻笑,黑暗的屋子里,一个中年女子坐在椅子上打瞌睡,一个小男孩和一个比他稍大一点的小女孩在地上爬滚。听到我们进门的声音,ML妈妈急忙从厨房出来。交谈后得知,ML妈妈是中年女子的妈妈,老伴多年前已离家出走,一直是ML

---

① 孙桂燕. 社会性别视角下中国妇女权利[M]. 南昌:江西人民出版社,2013;谭琳,陈卫民. 女性与家庭[M]. 天津:天津人民出版社,2001.

② MARKS S R. Multiple roles and role strain: some notes on human energy, time, and commitment[J]. American Sociological Review, 1977(6):921−936.

③ CONWAY-GISTRA F, CROWLY A & GORIN S H. Crisis in caregiving: a call to action[J]. Health & Social Work, 2002(4):307−311.

妈妈自己照顾从小患有精神障碍的女儿。女儿由于精神障碍，外出时不小心与男子发生性关系后多次怀孕，生下了3个孩子，其中两个女孩也有不同程度的精神或智力障碍，男孩则有肢体残疾。因此，现在全家4个残疾人都是由ML妈妈一人照护。

GL妈妈，54岁，17年前13岁独子因意外过世

失去了儿子，我只能和爱人"相依为命"，爱人也是独子。我公公前年去世，去世前曾在医院鼻饲了整整两年，只有我和爱人在医院轮流照顾。现在婆婆78岁在她家附近独居，也需要经常探望、照管。我母亲80岁青光眼，已经看不清楚了，也需要经常回去照顾，感觉自己就是"分身无术"。

这些年我只有一个感觉就是"忙"，最近5年时间，我和爱人都没有什么周末，不停奔波于医院和药店。我公公去世前两年一直在医院住院，4次血液感染。我父亲也在前年去世，2015年时候我查出来海绵状血管瘤，做了几次伽马刀手术，加上公公住院，以至于我父亲生病期间都没法帮忙照顾，所以至今仍然觉得对父亲很内疚。因为要照顾老人，所以我和爱人几乎没有自己的时间，除了上班、加班就是照顾老人，最多也就是和爱人在家附近走走、散散步，离家的时间都不敢超过2个小时。在家里，家务只有爱人会和自己一起分担，我知道他还是会心疼我，但是也没有办法。随着自己年龄越来越大，还要照顾老人，很多事情都力不从心，就连过年打扫卫生都是个问题，打扫自己家的，还要打扫两边老人家的，真的觉得没有什么精力了。

第二种倾向是女性在照护过程中面临的经济、心理和社会交往的多重压力。为了照护孩子,女性往往是主动放弃求职和社会交往,愿意自我牺牲的一方。与此同时,她们常常又为子女的健康状况、未来生计担心忧虑,殚精竭虑为孩子奉献一切。

PP 妈妈,40 岁,6 岁独子重度自闭症

我考过造价工程师,在没发现孩子自闭之前我有自己的工作,也有自己的事业。现在我辞职了,在家带孩子。每天早上 7 点起床,教孩子叠被子、穿衣服、自己吃早点,8 点半去康复中心全程陪同孩子训练,自己也得向老师学怎么训练孩子,连上厕所都没时间。下午送孩子去幼儿园,和老师聊天,经常要送礼给老师,希望老师不要排斥孩子,对孩子好点。感觉我每天的生活都是围绕着孩子,我随身都装着认知的卡片,是我自己整理、制作的教具,就是最简单的生活物品,每天见缝插针地教他。每天带着一大包零食,教孩子和小朋友玩,就用这堆零食哄其他小朋友和他玩,甚至帮幼儿园老师去带孩子,只为了教我儿子学会社交。一个扔东西的动作,我就教了半年,谁会理解这种压力。我活着我就尽心尽力去照顾好,教好孩子,我死了就只能看孩子的命了。我从来没有想过要给孩子办残疾证,因为我心里不愿意接受,我也不愿意我的孩子被这个社会看不起……

RR 妈妈,31 岁,独子患婴儿痉挛症

我儿子这种情况,去北京看过,什么都看过,没有办法了,现在还是控制不住,每天都发作好多次,就当一个大玩具那么养着吧。我感觉我现在就是个免费保姆,要管这么个孩子还要照顾公公,公公从来不会帮什么忙,不添乱就好。我老公平时都在单位吃,家里什么

事情都不会有人帮一把，活成现在（这样）我自己都看不起自己，好多话都不知道跟谁说，父母老了不想让他们操心，朋友呢更不想说，各自有各自的烦恼。

在许多被访的家庭中，女性不仅肩负照护责任，还需为家庭生计和子女的治疗支付而四处奔波，在家庭内外均需付出大量的劳动。

TH 妈妈，55 岁，独女 31 岁双相情感障碍

大部分家务事、田里的活计都是我做，我们几家都是女人承担着，女人要照顾老公、子女，还要想着家里的收入。我真是觉得没法过了，我好多次都不想过了，想自己死了一了百了，但看见这个姑娘么，又想着我走了她怎么办？全家都是靠我，老公住院没钱都是借的，这家借点那家借点。老公偶尔身体好点么，会出去打点工，但那点工钱只够他自己抽烟，我从来没有拿过，他还要来找我拿呢。我常常做梦都是害怕呢，害怕这种日子，想想都是害怕。

曾有调查发现，在精神分裂症患者的家庭照护中，照料者的压力与自身年龄、双方关系以及居住状态的关联性并不强，但与性别、直接照料时间却密切相关，简言之，女性因直接照料时间多，而更能感到照料负担重，且时间越长自感压力越大。[①] 在我们的研究中，类似的倾向也较明显，尤其是在独生子女患有精神障碍的家庭中，母亲往往还背负着巨大的精神压力，家庭关系也容易出现紧张状态。

---

① 朱国奎，缪金生，孙大治，等. 精神分裂症患者的家庭照料负担研究[J]. 四川精神卫生，2006(1)：18－20.

T妈妈，64岁，独子28岁，丈夫67岁，两人均患有精神障碍

我最大的困难就是精神压力大，我太烦了，真是太烦了，没有宣泄的地方。我有烦恼了，也不会跟兄弟姐妹说，怕他们笑话。就是会跟邻居姐妹说说，她们都知道，也不会笑我。老倌和儿子都是这个样子，说什么都说不下去，他们也听不懂，每天只会要钱，不给还发火。我给一两元，儿子自己攒攒么又去买东西，买了东西见人就给人家，哎呀，无法啊。我是太烦了，有时候就是一个人在院子里哭，跟他们讲不通，只有自己干跺脚。

YJ妈妈，32岁，8岁独子重度智力障碍，自闭症

我们这种家庭没有家庭矛盾是不可能的，孩子这种情况，双方都很难过，也有过争吵，甚至到了提出离婚的阶段，可双方冷静了都在想，如果孩子判给了谁，都得出去工作，那就没有时间照顾孩子。最后，我们不得不在现实面前低头，我辞去工作，在家全心全意照顾孩子。我无时无刻都要带着孩子，不管自己是生病还是如何，有时候不注意，孩子情绪不好、不会表达就用头去撞墙……我最希望的事情就是可以有一天的时间，让我不用带着孩子，安安静静一个人待一天。

第三种倾向是，这些家庭在子女发生病故后女性更容易失去伴侣，成为女性单户主家庭，女性贫困化凸显。"贫困女性化"是贫困问题研究中引申出的一个侧面，最早由美国学者皮尔斯（Diana Pearce）在1978年提出，认为造成"贫困以女性面孔"出现的原因与女性在社会和家庭中不平等的地位和待遇密切相关，人种、民族、制度、婚姻以及子女数量等则可进一步影响女性的贫困状况和贫困的代际传递。①从本研究的调查结果中不难发现,当家庭中唯一的子女发生变故后,女性需要面对家庭角色、生活方式和社会关系的重构或重组,她们同时还需应对一系列由此引发的不确定性和风险,如失业、离异、丧偶、丈夫外遇或出走,在"失独"家庭中,部分丈夫选择离异,以传宗接代为由重组家庭。其他学者的研究也发现,在某些具有较强传宗接代观念的"失独"家庭,丈夫及其公婆可能会因为妻子不能再生育而把妻子赶出家门,重组新家庭。② 因此,许多被访的女性往往是家庭中的"被抛弃"者,她们不得不变为家庭支柱,但也常与子女陷于贫困状态之中。惠勇强和康越在研究中也发现,丧偶和离婚是造成"失独"家庭中的女性成为"1人户"的主因,其中妇女丧偶"1人户"占总量的4.8%,60~64岁的丧偶的"失独"女性更可高达20.4%。45~49岁和60~64岁的"失独"女性离异的分别占5.7%和2.1%,主要都是由于男性为了传宗接代需要重组家庭所致。③

第四种倾向是,女性应对风险冲击的复原力和抗逆力更强。国外研究表明,女性在家庭食物来源和收入中的贡献力不容小觑,她们把家务劳动和照护视为己任,她们的参与度、赋权和时

---

① SIARRELS M E, BOULD S and NICHOLAS L J. The feminization of poverty in the United States: gender, race, ethnicity, and family factors[J]. Journal of Family Issues, 1994(4): 590-607.

② 孙炜红. 失独家庭养老困境研究[J]. 四川理工学院学报(社会科学版), 2014(4): 26-31; 姚兆余, 王诗露. 失独老人的生活困境与社会福利政策的应对[J]. 重庆工商大学学报(社会科学版), 2014(4): 86-92.

③ 惠永强, 康越. 不同类型失独家庭的社会保障政策困境与解决路径[J]. 北京化工大学学报(社会科学版), 2018(1): 52-57.

间分配是家庭脱贫与发展中的关键驱动力。① 梁启超先生在《新民说》里也曾提到"妇人弱也,而为母则强"。在被走访的许多家庭中,女性不仅承担了生育养育和健康照护的责任,并且也尝试寻求外界帮助,挖空心思想办法和创造条件,甚至建立妈妈互助群体共同抵御危机,这些均与每个家庭的发展、稳定、收缩与解体息息相关。

T 妈妈,64 岁,独子 28 岁,丈夫 67 岁,两人均患有精神障碍

孩子小的时候,好多人劝我把孩子扔了,但我不忍心。他是个人,又不是只鸡。我去哪里孩子就跟着我。现在孩子也大了,每天就自己跑出去玩玩,等下午太阳落山的时候再跑回来。我真是觉得日子没法过了,但我走了,娃娃又咋个办……家里里里外外的活都是我一个人的事,现在的开支主要就是给老倌看病,我自己腰疼了就随便擦擦,他三天两头就要去医院,去一次打针都是一两百元。

PP 妈妈,40 岁,6 岁独子重度自闭症

在看待孩子得了自闭症这件事情上,我和老公是一致的,我们爱这个孩子,所以就需要为他去付出。老公是男的,所以他负责挣钱养家,我就负责照顾孩子。确诊孩子是自闭症后,我们几乎跑遍了昆明市所有的康复机构,自己学习了很多康复的东西。为了提高孩子认

---

① BHAT B A. Gender earnings and poverty reduction: post-communist Uzbekistan[J]. Journal of Asian and African Studies, 2011(6): 629-649; MOYO C S. Active participation of rural women in developmental Issues: poverty alleviation lessons for South Africa[J]. Gender and Behaviour, 2014(1): 5998-6001.

知,我把家里所有的生活场景、物件都拍了照片,用彩色打印机打印出来,过塑做成卡片。这样我可以随身装在包里,随时随地教孩子认识这些东西……我觉得我只有用积极的心态去面对这些问题,我越积极对我儿子就越有好处。

(二)男性的隐忍和健康脆弱性

如前所述,在独生子女家庭中,父母对独生子女的全情倾注已成为中国式家庭的集体意识和价值取向,独子发生的任何变故都会对父母造成巨大冲击,无论是母亲还是父亲都会出现一定程度的应激反应和心理困境。有研究表明,在遭遇丧子打击后,丈夫的恢复速度优于妻子,[①]但我们发现事实并非完全如此。社会对两性角色期许存在差异,男性总是代表坚毅、刚强,有泪不轻弹的一方,而女性则是脆弱、哭诉和需要慰藉的一方。因此,女性在遭遇打击时,她们常用外显的方式向他人哭泣,甚至喋喋不休,以发泄心中压抑的不满和痛苦;而男性则相反,他们一般是内敛的,在遇到问题的时候往往不善于用言语表达,表现出坚强隐忍,但深埋心中的负面情绪日积月累而无法排解,最终常导致心理问题的出现。[②] 2017年群众出版社出版的韩生学所著的《中国"失独"家庭调查》中提及:"另一个被忽视的群体是'失独爸爸',他们承担着同样的感情伤害,但面对崩溃的妻子,他们要成为精神支柱,也要支撑残缺的家庭继续运行。'隐忍''沉默'几

[①] 袁嘉荫,刘七生. 寂寞的消解:失独家庭重构研究[J]. 山东工商学报,2018(2):117-124.

[②] 唐铮尚,雪松."失独者"之心理剖析与对策分析[J]. 吉林广播电视大学学报,2014(1):21-22.

乎可以概括他们的所有特点。"在对独生子女患精神分裂症的家庭调查中也显示,患者母亲的躯体化症状较父亲突出,而父亲的偏执因子分高于母亲。①

在本研究中,我们也同样发现父亲更容易出现"隐忍"和"抑郁"的倾向,虽没有专业心理学研究数据的支撑,但基于田野调查的结果,我们可总结出几类现象:一是在家庭的走访中,愿意接受访谈或向研究者倾诉的几乎均为母亲。二是据多位母亲描述,丈夫多在子女发生变故后变得沉默少言,也不愿与外界接触,常一个人待在家中。被访的丈夫也表示,自己是个男人,不可能像女人一样去找谁哭诉。CHH爸爸(64岁,失独)这样描述自己和妻子的生活:"她每天生活忙得很,不是出去和朋友唱歌跳舞,就是去哪里参加演出。她可以不想,我不行,我也不愿找哪个去哭诉,我就是一个人在家里,去儿子房间坐坐,有时我还会一个人去他坟上,在那坐上几个小时。"三是许多被访的"失独"家庭中的父亲常在子女去世后的两三年内出现重疾或离世。在我们所调查的59户"失独"家庭中就有23个家庭是丧偶独居的女性,仅有3个家庭是丧偶独居的男性。

QQ妈妈,36岁,9岁独子重度智力障碍

我昨天又吼孩子了,我知道不是他的错,是我的问题,儿子还是很爱我的,无论我怎么吼他。我晚上和儿子一起睡的,其实也很后悔吼了他。感觉自己现在就是戾气满满的人,都是生活搞的。我老公很少和我说啥,其实我知道他也不好受,家里这种情况怎么可能好受,但是他从来也不说什么,我吼孩子他也没抱怨过我,老

---

① 马效芝,郭平. 精神科住院患者亲属的心理健康状况分析[J]. 中国临床康复,2003(15):2216.

是鼓励我去锻炼身体。

D妈妈，63岁，失独丧偶

儿子去世后我和他爸爸有半年都不愿出门，但我们差了6万的债，必须还债呀，没有办法，还是只能出来打工……就这样打工打了两年，终于把孩子看病欠下的债还清了。结果才刚刚不打工了，我老公就病了（2013年），有时候就是命。他说肚子疼，我们就去医院检查，检查出来就说是胆汁干了，并且和肝脏粘连，需要动手术，我当时就要晕了，我们才熬过了儿子的艰难时期，现在老公又要动手术……手术途中主任就把我叫去说是情况不太好，需要做病理检查。2天后结果出来就说是胆囊癌，我一听到是癌症，一下子就忍不住大哭起来，我真的是手足无措，根本不知道该怎么办了，去找谁都不知道……后来住了18天医院，医院说按照医保规定，实在不能再让我们住了，我们只好出院。回去后，我老公十分悲观，认为自己不行了。同事们来家里看他，开导他，让他多想想我，后来他才愿意接受化疗。我们又做了8次化疗和6次放疗，做完6次放疗后我就发现他全身发黄，反而不好了，我赶紧带着他去给主任看，主任说是胆汁排不出来，估计是不行了……后来医生建议我去临终关怀医院，在吴井桥那里，我们就说打车去，车费我都没有，还是同事拿出来的。去到那家医院才10天，他就走了，临终前他就一直说，他对不起我，让我这辈子太苦了，这辈子就是为了他们父子俩辛苦，啥都没留下，就有一套空房子。

综上所述，在社会性别角色划分的影响下，计划生育特殊困难家庭中男女之间的差异性分工也显现出某些特征：第一，女性对内的照护功能。克莱曼（Kleinman）曾指出健康照护可成为家庭抵御病痛的实践，链接着不同层面的道德和价值体系。① 在计划生育特殊困难家庭中，基于社会性别分工，女性被理所当然地强加了大量照护责任，虽然她们的劳动价值仍未转化为直接经济价值、也尚未得到社会的认可，但她们的劳动付出却给子女和家人带来了强大的情感支持。女性作为母亲具有更强烈的为子女生存发展而"谋划"的责任感和担当意识，当家庭发生危机时，她们也常是愿意自我牺牲和勇于付出的一方，减少了家庭在教育和医疗方面的资金投入。女性的投入、参与和时间分配成为家庭反脆弱、反贫困的重要实践。第二，女性对外的生存之道。在计划生育特殊困难家庭中，女性往往也是最积极主动寻求外界帮助和社会支持的一方，具有参与社会互动的强烈诉求，她们在家庭经济上的屈从地位并不代表女性失去了社会交往能力，她们积极寻求和挖掘外部资源，努力维持家庭内外平衡。同命运女性之间的互助网络的建立就是女性共同抵抗命运不公时迸发出的集体力量和智慧，她们相互支持，为家庭发展增加了社会资本。第三，男性"逃离"。男性选择离异、孤立，以及随即出现的压力增大、疾病的产生，甚至是死亡都是面对家庭危机时的自我"逃离"，可以说是精神上和肉体上的双重逃离。有些男性不愿意承认家庭的残缺，选择离异和重组家庭，有些不愿意积极寻求外援，在公众和家人面前显露出男性的脆弱面。因此，在对相关家庭开展帮扶时，应加大对女性的赋权，提高针对女性的经济和能力扶助力度，可为她们提供更多的健康能力提升培训和就业机会，创造良

---

① KLEINMAN A. Caregiving as moral experience[J]. The Lancet, 2012(9853)：1150-1551.

好的社会支持氛围,在避免她们陷入贫困的同时,积极发挥她们对家庭发展的贡献力和优势。同时,在帮扶工作中,应加大对男性的心理辅导和健康关注,强化男性在应对家庭危机时的参与度和责任感。

七、暮年的悲泣和担忧

计划生育特殊困难家庭不仅可因子女的变故引发家庭矛盾和多重压力,同时这种对家庭造成的影响还具有一定的延伸性,留有"后遗症",成了许多年迈父母的"心头之患"和顾虑。

(一)不得不挑起的跨代抚养责任

计划生育独生子女政策在中国实施30余年,20世纪七八十年代出生的独生子女现已步入中年,他们在家庭中既是子女又是父母,充当着多重家庭角色,倘若发生意外,受影响的不仅是其父母,还包括其子女和配偶,因此,计划生育特殊困难家庭的人口结构和代际组合也存在多种模式。许多受访的家庭中,由于多种原因,例如子女配偶重组家庭、智障女儿未婚生育、子代夫妻双亡等,跨代居住和三代同住的现象均存在,许多年迈的父母还需继续承担跨代抚养的责任。根据当前国家相关政策的规定,计划生育特殊困难家庭可以申请获得经济扶助,并享有某些特殊的待遇或保障,但这些扶助措施大多针对父母,对家庭中的其他成员却未有任何实质性帮扶。在跨代抚养的家庭中,未成年孙子女的健康、教育等问题又可进一步引发更多的家庭矛盾和负担。

之前提到过的J妈妈就是一个典型的例子。J妈妈现年65岁,婚后10年丈夫过世,一人把独子拉扯大,独子与儿媳离婚后3年因病过世,留下孙子与她共同生活。从J妈妈的立场分析,

"失独"是她与其他计划生育特殊困难家庭共同面临的家庭困境，而丧偶、儿媳改嫁、独自抚育未成年孙子等则是她更多的困境标识。在访谈中，J妈妈数次提到她对未成年孙子教育成长的担忧，孙子曾经是一个品学兼优的学生，但失去父母对他造成了强烈的心理冲击，加之青春期心理变化等原因，孙子如今沉迷于网游、学习一塌糊涂。J妈妈对孙子的变化无比担忧又束手无策，同时还一直自责，认为是自己没有经济能力让孙子过上与同龄人一样的"幸福"生活，造成孙子自卑、意志消沉。课题组尝试邀请心理专业人士对J妈妈和孙子进行心理评估和辅导，评估结果显示其孙子沉迷于网络游戏的主因是现实生活中得不到必要的关爱和帮助。J妈妈儿时丧母、中年丧夫、老年丧子的悲惨人生经历，本身就对她自己造成了严重的心理创伤，加之抚养孙子的沉重经济压力，J妈妈很难在孙子成长过程中积极表达出爱和回应。同样在之前访谈中提及的M妈妈和Y妈妈，她们不仅承担了抚养残疾子女的责任，还同时肩负着残障孙辈的抚养重任，经济和心力的投入已超乎常人，第三代子孙的合理教育和引导更是她们的心头大患。

（二）孩子的余生比我重要

在访谈中当谈及困难和需求的话题时，几乎所有残障家庭的父母都毫无例外地排除了自己，只考虑其子女的需求。在楚雄州特殊教育学校，独生子女重残家庭开展小组讨论时，父母都认为子女未来的照料、生活问题是他们最担忧、最焦虑和最迫切期望解决的问题。如同一位老父亲所说："自己已经活了大半辈子了，半截身子已经入土了，穿什么，吃什么，活得怎么样都不重要了，可是自己如果走了，这孩子怎么办？最多能申请个几百块钱的低保，可是谁帮他去签字领这个低保？谁做饭给他吃？想着如果以后没人管了把他送到救助站就造孽呀!"

YJ妈妈(32岁,8岁独子重度智力障碍,自闭症)也曾讲述了发生在她身边的真实案例:"一个跟我家孩子在同一个机构里康复的重度自闭症孩子,孩子爸爸得病死了,妈妈一个人照顾这个孩子,生活很辛苦,可能真呢是太累了,这个妈妈得了乳腺癌,发现的时候已经是晚期了。这个妈妈没有钱去看病,也看不成病,天天都要带着孩子,只有靠吃中药维持。有段时间她好几天没带孩子来康复,后来听说她已经死了,在家里突然死掉的,过了好几天被邻居闻见味道报警,警察打开门的时候看见她儿子就在母亲身旁。妈妈都死了,臭了,他还守着,什么也不懂不知道,饿得连自己拉的屎都抓嘴里吃……这件事情都上了新闻,我一想到就害怕,不是怕自己,而是怕这个孩子,我老了,管不动他了该怎么办?"

对子女未来生存的担忧几乎是所有"独残"家庭父母的共同心声,他们对此的疑虑和需求远远高于自身的养老需求,甚至许多父母都表示自己从来没有考虑过自己养老的问题,自己如何老去并不重要,只希望子女能够获得合理的安置,而且子女若能先过世,也是一种幸福。

LR爸爸,57岁,老伴56岁,29岁独子三级智力残疾

养老对于我们来说是种奢望,这孩子现在生活都不能自理,我和他妈现在生活还能自理,还可以管着他,等以后我和他妈不能动了,他要怎么办?前段时间我把打火机放在桌上没注意,他妈坐在客厅看电视,等我出门后,他拿着我的打火机去他房间烧东西,还好他妈发现得快,马上就用水把火浇灭了,窗户玻璃都烧裂了,

如果再不快点把火扑灭，玻璃炸了，我家还住在8楼，玻璃掉下去砸到人还更老火！哎，这个娃娃要随时有人盯着他，不盯着他就会出事。以后我们老了怎么办？想都不敢想，我只能抱着过到哪天算哪天了，顺其自然。他若死在我们之前，也是一种幸福，我们也可以安心了。

（三）普遍存在的"签字"难题

与以往的相关研究发现类似，在本研究中，我们也同样发现计划生育特殊困难家庭的父母还面临一个特殊的困境和现实问题，即"谁来签字或无人签字"的问题，如入住养老院无人签字、手术无人签字和丧葬无人签字。造成这一局面的原因是多方面的，包括直系亲属的离世，相关法律法规的规定限制或滞后，计划生育家庭扶助制度的不完善，相关机构为了规避风险，以及"失独"父母配偶离世、婚姻破裂、社会网络关系断裂等自身变故。① 虽然也有政策说明在医疗服务过程中，如无法取得患者本人意见又无法取得患者家属或者关系人意见时，经治医师应当提出医疗处置方案，可在取得医疗机构负责人或者被授权负责人签字同意后实施，但在现实执行中，由于涉及人身安全和健康，还存在诸多伦理争议以及责任界定和划分，法律责任若不明确将会致使相关纠纷难以得到及时妥善的处理。

在昆明市某社区访谈时，社区副主任讲述，她所辖社区里有位"失独"老人，老伴走了之后一直独居，在得知自己癌症晚期后，停止了治疗，找到了社区办事处，希望可以通过社区帮助，

---

① 谢勇才. 特别监护人制度：解决失独父母签字难问题的根本出路[J]. 山东社会科学，2016(6)：163-169.

用他所剩的三四万元积蓄帮他办理后事。这位社区副主任说："当时特别为难，于情，老人无儿无女，都找到社区了，做善事也罢，同情也好，这种事无论如何也不好拒绝；但是于理，即便老人委托了居委会，但居委会也没有任何权利去帮老人签字，处置他的遗产。当时觉得怎么做都不合适。"最后这位老人实在没有办法，只好委托了所住小区的一名物管工作人员，以私人的身份和同情心帮老人料理了后事。

虽然前期研究中多提及的是"失独"家庭的"签字"难题，但在"独残"家庭中也同样存在类似情况，并且"签字"困扰还可超出父母自身的范畴，延伸至未来无依无靠的独生子女身上。W妈妈（78岁，独子50岁）原是重点中学的优秀教师，却因儿子青春期时患上重度精神分裂症，不得不放弃自己喜爱的教师工作，全身心照料儿子。在老伴过世后，她也逐步步入老年，考虑到自己过世后儿子没有经济来源，省吃俭用为儿子存下一点钱，却不知道可以通过什么途径能够让这些钱在自己身后每月支付给儿子寄居的托管所或福利院，如她所说："我就想，我能尽我的力给他留下一笔钱生活，但也要有人或者有什么地方能帮他每个月把钱取出来交进去，他连签字都不会，更别说取钱，死了都不放心呀！"尽管"签字问题"仅仅是计划生育特殊困难家庭日常生活中面临的一个小问题，但却极具共性和代表性，以小窥大，特殊监护人制度则是现行政策中亟须完善和构建的重要帮扶策略。

第六章　她和他们的故事

一、"昆明好人"王兰兰的故事

　　从"十佳感人母亲""昆明好人",到"云岭十大孝星",再到"最美的中国人",王兰兰的故事感动着千家万户,也带动感染了很多人。王兰兰现年50多岁,2006年她的独生女儿患尿毒症住院医治,期间受到过社会各界很多好心人的帮助,但不幸的是,女儿在留下"妈妈,请您帮我回报这些爱心"的遗愿后,还是离开了这个世界。女儿的早逝给王兰兰带来了莫大的伤痛,从此,完成女儿遗愿就成了支撑王兰兰生活下去的信念,而她也开始了自己的"爱心"故事……

　　为了完成女儿的遗愿,王兰兰开始到处收集旧书、旧衣服、旧玩具,再背着送到贫困山区,走遍了大半个云南,为边远贫困山区的孩子们送去她的爱心。2008年,她来到了昆明市的廉租房小区"幸福家园",在这里她看到很多孤寡老人生活艰辛。最开始她也只是每天帮这些老人买点菜,一路走一路送……慢慢地需要她送饭、送菜的老人越来越多,王兰兰就有了开办"爱心食堂"的念头,想让这些孤寡老人每天有口热饭吃。由于场地、证照等各种原因,爱心食堂的筹备工作做了两年。

　　王兰兰这样描述:"老人们等不起呀,老人们见到我就问'兰兰,食堂什么时候开呀?'有的老人问着问着就过世了。其中有一个老人,一直等着我开食堂,有一次我出去了两天办事,回来去

第六章 她和他们的故事

图12　昆明好人王兰兰

图13　王兰兰和爱心食堂

图14　爱心食堂的公益活动

图15　失独者之家

看这个老人,老人已经在家过世2天了……(老人)坐在桌子边,桌子上放着一个碗,眼睛还睁着,望着门口的方向。那时候我特别难过,我就想这个老人死前一定是在等我,等我推开门……'爱心食堂'不能再等了,行善积德等不起,就算是条不归路,好不好都得自己走下去。"

2012年10月19日,"爱心食堂"终于正式开张了。食堂每天为居住在幸福家园小区内的60岁以上的孤寡老人和低保人员提供午餐和晚餐,每餐收取3元,多年来价格没有上涨过。每月一般都有100余人办理月卡在爱心食堂用餐,对一些行动不便的老人还送餐上门,每天加上王兰兰大概有6位义工要为100多人的伙食忙碌着,并且全年无休。借助食堂的场所和号召力,王兰兰与其他爱心人士或企业合作为老人提供信息咨询、理发、义诊等活动。截至我们访谈王兰兰的时候(2018年),爱心食堂已为几百位来来去去的孤寡老人提供了服务,其中有100多位老人已去世,甚至很多人的后事也是由爱心食堂操办的。经过多年的用心经营,王兰兰的爱心食堂已成为小区最热闹的地方,也成为这些老人们的生活依靠和精神支柱。

二、"失独者之家"的形成

"爱心食堂"不仅是一个奉献爱心,为孤寡老人们提供社区服务的聚点,它也是一群"失独"家庭寻找相互支持,化悲情为爱心、信心和勇气的平台。多年来,支撑爱心食堂一路前行并发展壮大的不是公益组织或企业,而是一群素不相识却有着同样生命经历的家庭。因此,在"爱心食堂"内部还成立了"失独者之家"。"失独者之家"目前聚集了昆明市100多个"失独"家庭,还有90多个云南省各地州的"失独"家庭。在民政部门的帮助和幸福家园小区物管的协调下，幸福家园小区在"爱心食堂"楼上无偿为"失独者之家"提供了两套50平方米左右的廉租房，为机构开展活动所用。从此，这里成为昆明市很多"失独"家庭的一个据点，每天也会有不同的家庭成员来爱心食堂做义工。这里还常常为"失独"家庭举办各类活动，包括合唱、旗袍秀等文体活动和集体外出旅游，许多活动还成为逢年过节的集体"仪式"和盛事，例如一起和孤寡老人们吃顿年夜长街宴。更重要的是，这些家庭的相聚并非仅停留于表象的、仪式性的活动，他们还希望通过集体的力量为社会、为其他需要帮助的家庭贡献绵薄之力，因此，公益性集体活动也成为每年必备的事项，例如为偏远贫困山区的家庭送温暖、为孤寡老人提供照护、手织围巾送给寒冷地区的孩子们等。

此外，"失独者之家"本身也是"失独"父母的精神家园。在"失独者之家"中，大家都互称"家人"或者"兄弟姐妹"，彼此熟悉各自的家庭情况，谁有什么病，谁这几天住院了，谁遇到了什么困难……相互支持、抱团取暖成了大家的共识。王兰兰如是说："我自己就是一个'失独'家庭，我也是从债台高筑、丧女之痛中走出来的，走出来的感觉太好了，所以我想让更多的'失独'家庭走出来，相互支持，成为另外一个大家庭！"

Z爸爸现年73岁，失独后老伴又病逝，家里只剩下他一个人。虽然每月退休工资只有2300元，但他很注意自己的仪容仪表，我们在"失独者之家"见到他的时候，他的头发梳理得整整齐齐，格子衬衫配黑色西裤，用他的话说"随时都要让自己保持最好的状态"。他说自己是在电视里看到了王兰兰和"爱心食堂"的故事，于是想来看看自己能做点什么。刚开始的时候并没有想加入"失独者之家"，但来了几次后，感觉这就是他一直想找的地方，因为这里有"家"的感觉。

LD 爸爸，61 岁，失独

我家两口子现在交往最多的就是"失独"群体，过年过节虽然我们的兄弟姐妹都会叫我们去，他们每年都来叫我们，但是我们都不愿意去，因为一看到他们家里的孩子、孙子就会觉得难过……

KH 妈妈 64 岁，失独

我和老伴已经很多年不看春节联欢晚会了，因为看到电视里那些小孩子跳来跳去就会觉得难过，听着主持人说'慰问谁谁谁'就会想自己是被这个社会遗忘的人，没人会来慰问我的。所以我愿意和失独者一起过年，大家命运都一样，不会让自己想太多。

这些家庭虽然面临着如前所述的诸多困难，他们也有过负面情绪和消极的生活态度，但在"幸福家园"，"失独"父母们似乎又找到了生存的意义和人生价值的方向，重新获得了走出逆境、创造价值的精神动力。"失独者之家"既成为这些家庭间的社会支持网络，同时也为这些家庭重新找到了与外界社会链接的豁口。

三、失独者之外的另一群体

一些"独残"家庭也会参加"失独者之家"的活动，但调查组从访谈中了解到，他们认为自己是有别于"失独"家庭的另一群体，因为他们的负担和需求都与"失独"家庭不同。

L 妈妈，65 岁，老伴 69 岁残疾行动不便，37 岁独子重度抑郁症、双相情感障碍

我儿子 37 岁，重度抑郁症、双向情感交流障碍。我愿意接受你们的访谈，但不想公开我的真实信息。因为我觉得我和"失独"家庭不一样,虽然我们都是苦命人,但是我们比他们有更多的负担。不想公开我的真实信息,是因为我还有家人,还有孩子,还得在这个社会上生活下去,不希望受到其他人对我和我儿子的歧视。

我已经65岁了,老伴69岁。儿子发病的时候认知、意识都会出现问题,乱吼乱叫的,我们老了,体力上也整不住,怕呀,他一发病或者一有情绪,我们两个老的就怕得很,我们没有办法只能送医院,折腾不了他,连我们老两个他都打。有什么办法呢?只有我们老两个在医院守着他。结果我们老两个都守病了,老伴现在骨髓炎,去年动了三次手术,现在也坐着轮椅,就只有我一个人扛着了,没有什么人可以帮我,我也不知道我可以扛到什么时候。不只是精神上的折磨和体力上的折磨,我们家现在老的老、病的病,我和老伴两个人的退休工资加起来不到5000元,根本耐不住。

我很羡慕"失独"家庭,至少他们有个群体,有社会关注。我们虽然也是计划生育特殊困难家庭,但是要照顾子女,根本无法和外界接触,越来越被这个社会边缘化,也没有人能听到我们的声音,没有人会关注到我们!我看过很多新闻,大家都关注"失独"家庭,很多人甚至认为计划生育特殊困难家庭就是"失独"家庭,我觉得特别难过,我们是被政府和社会遗忘的。

我也参加过几次"失独者之家"组织的活动,但是我们和他们情况不一样,他们没有什么大的负担,过好自己的余生就好,我们负担太重了,余生不一定过得好,还要想着自己孩子的余生。我有时候也有自私的想法,是不是没有这个孩子我就可以轻松一点,但是人活着还得有自己的道德和责任,再说这个孩子即便再如何,也都是自己的孩子,自己不管谁管?我有时候觉得自己的人生是没有指望的,孩子的人生也是没有指望的,过一天算一天。

L妈妈曾经尝试以一己之力去找昆明市西山区人口和计划生育局提出某些诉求,她希望可以通过反映自己的诉求引起政府和社会对"独残"家庭的关注,也想发动身边同病的家庭组建起自己的互助群,共同解决生活中的难题。在现实中,因为子女有某种相似疾病汇聚在一起的家长群其实也已开始形成。主要以可以采取医学矫正或康复治疗的群体为主,他们在一起除了信息和经验分享外,也希望通过相互支持应对困难。调查人员认识PP妈妈、YJ妈妈是源于一个QQ群,这个QQ群的创立初衷就是帮助自闭症儿童家庭形成一个互助的群体,在这个群里基本都是自闭症儿童家庭,也有一部分是发育迟缓的孩子的家长。因为公众对自闭症认知和了解较少,对自闭症的孩子的接纳也存在一定偏见,所以自闭症孩子的上学问题一直是父母们最为纠结的。自从有了这个群,大家觉得心灵有了归属,可以在群里诉说心情,不管正能量还是负能量,至少有了个释放的地方。通过群体的力量,他们相互学习自闭症患儿的康复知识,了解康复信息。甚至通过共同的努力,积极争取相关资源,邀请国内有声望的师资为家长们开展培训、心理辅导等。同时,他们也积极参加社会公益活动,比如带着孩子在万达广场展演、举办"带着蜗牛"爬山,走进学校做融合教育的宣传,等等,希望让社会能更多地了解、接纳自闭症。

四、共同体的建立及其功能

社会共同体是社会学和心理学研究的一个重要领域，可以说是社会融合宏观分析层面的源头，主要指个人、群体或组织在一定的互动关系基础上建立和发展起来的，有共同群体特征、价值取向和生活方式的人群集合体。共同体内的成员一般具有共同的利益需求和强烈的认同感，因而彼此之间提供支持和依靠以满足自身精神层面或物质层面的追求，甚至获得身份和权力，例如建立在血缘和地缘基础上的氏族、部落，以及以共同的生产模式、语言、宗教信仰和文化等为纽带形成的民族等。[①] 在共同体当中，人们具有相似和更强烈的情感动机而非目的动机，多按照本质意志生活，人与人之间的关系则表现得更为单纯和紧密。[②]

从上述的调查数据中我们可归纳出两种倾向：一是"失独"家庭由于代际关系的断裂，更愿意在"同命人"之间形成"共同体"，以寻求精神安慰与支持，这一类姑且称之为"际遇共同体"；二是一些家庭因其独生子女共同患有某类疾病，他们也较易形成以"疾病"为标志的"共同体"，例如自闭症儿童家庭 QQ 群等，其主要目的在于发挥集体的力量，通过信息和资源共享，共同抵御病痛带来的困境，具有相对较强的功能性，可称之为"功能共同体"。这些自发组织的共同体并非基于血缘、地缘或信仰等纽带，而是因为类似的家庭境遇，期望寻求来自家庭外的社会支持，这种非亲缘关系的支持不仅可以表现为物质互助，更重要的是提供了不可替代的情感性依

---

① 斐迪南·滕尼斯. 共同体与社会[M]. 林荣远，译. 北京：北京大学出版社，1999；本尼迪克特·安德森. 想象的共同体——民族主义的起源与散布[M]. 增订版. 吴叡人，译. 上海：上海人民出版社，2011.

② 贾春增. 外国社会学史[M]. 北京：中国人民大学出版社，1989：62.

赖和弥补，并在一定程度上建立了信息和资源的分享机制，成为成员摆脱困境的重要途径。然而，在调查过程中，我们同时也注意到，许多政府部门或相关管理人员并不希望，甚至有意制造障碍，不愿让这类"共同体"形成和存在，主要是担忧这些特殊家庭的聚集会形成团体力量，发泄对"政策"的不满，上诉走访要求政府补偿，造成负面的社会影响。在某市某部门下发的有关做好春节期间社会治安综合治理工作的通知中，甚至把"失独"家庭归入了与吸毒人员、社区矫正对象、刑释解教人员同等的特殊人群范畴，成为社会治安综合管理的重点管理、监控和教育对象。

阿尔弗雷德·阿德勒（Alfred Adler）是从心理学角度对"共同体"进行探究的先驱。他认为"个人必须在社会性的脉络下才能成为个人"[①]。人的社会性决定了个人必须与他人产生联接，与他人共生共存，才能具有存在的意义。"共同体感觉"是阿德勒心理学的核心思想之一。共同体的形式是人对"归属感"的找寻，并由此产生"对他人的关心"和"共鸣"。这些情感对个体的心理和社会适应能力的健康发展尤为重要，它代表着个体并非以"自我为中心"，否认他人的存在和与己的关联。同等看待他人就是产生共同体的重要心理基础，这表明着个体愿意把他人看作是自己的同伴而非敌人，承认他人的存在，理解他人的感受，关心他人的需求，对他人作出贡献，与他人处于一种互助合作关系。因此，共同体感觉抑或是共同体的存在是"善"的，是有"价值"的。[②]

从访谈和观察获得的大量数据表明，这些计划生育特殊困难家庭自发形成的共同体也都是向"善"的。他们并不因参与人员复

---

① 阿尔弗雷德·阿德勒. 阿德勒心理学讲义[M]. 吴书榆，译. 广州：广东人民出版社，2016.
② 岸见一郎. 像阿德勒一样思考和生活[M]. 郑舜珑，译. 上海：上海文化出版社，2018：87-88.

杂、居住地不同、人数不断增长而表现为流于形式的聚会，也不仅仅是在某些事务上取得表象上的一致，而是逐渐形成了精神流通，他们彼此之间十分关心，把对方视为兄弟姐妹或难兄难弟，都很愿意为他人无偿提供帮助，甚至形成集体的力量为"共同体"以外的他人也提供帮助，"爱心食堂"的诞生与延续，许多父母每年不辞辛劳去为山区的贫困儿童送温暖，生病之后的相互照料与关心都是最好的例证。

阿德勒还指出，人通常同时存在于多个复合的"共同体"中，比如除了某个直属的小集体外，我们还属于某一民族、某一地域、某一人种或某一国家的集合体中。当目前直属的共同体利益与更大共同体的利益发生冲突或矛盾时，人们往往会以更大共同体的利益为优先。由此可见，政府人员的担忧大可不必。

其一，这些家庭当年服从政府决策，严格执行了"独生子女"政策并非是为了私利，而是更加理解独生子女政策是政府基于当时的社会经济发展水平，不得不为了国家发展和集体利益而做出的重大调整和决策，他们认为自己当年的选择虽是服从但也是个人对国家共同体发展的贡献。

其二，如今因为当年的选择而出现了家庭发展中的困难，他们因为共有的命运聚集在一起，并有所诉求，这仅仅是想获得更大的归属感和认同感，他们并非把政府或其他家庭视为"对立"，而是希望有更多人能够基于同理心承认他们当年的"贡献"，对他们的家庭处境给予理解和支持。他们的诉求并非"苛责"或声讨"不公"，也并不想获得超出政府能力范围外的过度补偿。记得有一天晚上，WH妈妈（62岁，失独）给我们发来短信，说政府部门下发了一份文件，让他们这些老人可以免费乘坐地铁，希望我们能告诉更多家庭。后来在与她的交谈中我们能感觉到，仅仅是这样一个小小的"政府行为"就让这些父母们高兴坏了，并且他们感激政府对他们的诉求有了回应,希望把这样的好消息告诉更多的人。但他人的冷漠和无视则会招致这些家庭的抵触和反感。据描述,他们曾经去找过某个主管部门的工作人员,他们的诉求仅仅是希望对方能了解一下他们就医时遇到的困难,并如实向上级部门反映,但该政府官员不仅严词拒绝,并且还言语不当,说了一些讽刺挖苦的话。这让他们感到"冷漠",甚至是一种"羞辱"。

其三,这些家庭成员非常明白自己处于多重"共同体"的关系中,明白需要优先考虑更大集体利益的需要。在两次小组座谈中,参与的家庭都提到了省外一些特殊家庭上访的事情,也透露过,他们曾经有过去政府部门集体静坐或呼吁的念头,但仅仅停留于想法,因为内部很多家庭都表示反对,认为不应该以这种相对"极端"的方式解决生活中的困难,也不应该让政府为难,更不可因此给外界留下负面印象。

五、抵御困苦的远端防御

2015年,美国学者谢尔登·所罗门(Sheldon Solomon)和另两名同事发表了他们历经25年的研究成果,从各类史料和心理学实验中寻找有关人类行为驱动力的答案,最终他们认定死亡是埋藏于人类内心最深的恐惧,但也正是因为死亡恐惧的存在,才激发着人类不断在艺术、宗教、语言、科学、经济等领域孜孜不倦的探索,寻求应对死亡的法门。[①] 基于一系列研究证据,他们发现生活中的不确定性和风险无处不在,人们对死亡有意识或无意识的恐惧也时时萦绕在每个人心间,此时人们就会激活近端防御

---

① 谢尔登·所罗门,杰夫·格林伯格,汤姆·匹茨辛斯基.怕死:人类行为的驱动力[M].陈芳芳,译.北京:机械工业出版社,2016.

机制或远端防御机制以抵抗死亡信息带来的恐惧或困苦。近端防御机制是理性判断后做出的即时选择,例如锻炼身体、遵医服药、选择健康食物等,这些行动可以帮助某些人很快移除恐惧感,克服有意识的死亡联想,但并不一定持久生效。倘若要发挥长期的效用,并且在无意识的状态下也能抵抗死亡惧念,就需要建立自我的远端防御机制,此类防御主要是指来源于精神的力量,包括价值观、人际关系和自尊,虽然这些抽象的防御术在逻辑和语义上看似与维护健康、对抗死亡缺乏直接的联系,但它们才是消除生存孤独感、无价值感,获得归属感、安全感和认同感的关键所在,也是每个人能建立强大的心理盾牌抵御人生种种磨难和困苦的长效机制。

由此可见,无论是"失独"家庭还是"独残"家庭,父母要能重新鼓起勇气直面子女重大变故必须建立起自身的远端防御。某些即时显效的手段可以暂时缓解这些父母眼前的困境和焦虑,但在长期面对伤痛的历程中,积极向上的价值观和社会关系才是修复内心盾牌的源泉。有研究证实,家庭之外的社会关系的建立会对独居者的社会融合产生补充效应。[①] 开展本研究之初,我们与大多数人的想法一致,认为这些家庭是可怜的,他们的生活一定充满了泪痕和无数感伤。但随着调查持续深入的进行,我们发现事实并非完全如此,相反,许多父母从人生困苦经历中折射出来的坚定、自信、勇敢、乐观和善良才是最有力量的呼声和号召力,犹如王兰兰,犹如"失独者之家"。

如前案例一中提到的 ZH 妈妈(63 岁,独子 40 岁,患有强直性脊柱炎和精神分裂症),尽管她说自己看不到生活中的任何希望,

---

[①] ALWIN D F, CONVERSE P E, MARTIN S S. Living arrangements and social lntegration[J]. Journal of Marriage and Family,1985(2):319-334.

但她还是一直很努力地去应对生活中的挫折,她说:"经历很多事情后就看明白了,自己学了佛,没有学佛之前自己想不通自己的人生为什么这么糟糕,在学佛之后就释然了。"在加入慈济会①后,ZH妈妈开始利用自己难得的空闲时间参与做一些公益活动,甚至鼓励瘫痪在家的儿子也参与一些力所能及的善事,比如帮忙电脑录入等。她说:"我已经没有什么想法,日子过一天是一天,自己得到过别人的帮助,也希望可以去力所能及地帮助别人。"

这些父母都在原有价值取向遭到重创时,重新探索和建立了自己的价值体系和社会关系,有些父母选择了慈善,有些开始学习佛学,有些开始钟情于哲学,他们也开始自发组织网络,形成互助群体。良好的群体认同、人际关系和共有的价值导向帮助他们消除了年迈后的孤独感和无价值感,重新在群体中找到了社会角色,由此进一步获得安全感和归属感,维护了自己的自尊心和自信心。

六、照护形成的衍生力量

在"失独者之家"里有一面特殊的墙壁,墙壁上贴满了"失独"家庭独生子女生前的照片,他们把这面墙亲昵地称为"宝贝墙"。如父母们所说,这面"宝贝墙"是让他们一起追忆过往,缅怀子女的回忆墙:

> 我们不愿意与别人来往,因为别人不会理解我们失独!家庭的痛苦!我们聚在一起是因为我们都有一样的

---

① 慈济会:1966年由佛教界人士证严上人创立于台湾。2008年1月14日经国务院准许成立"慈济慈善事业基金会",由"台湾佛教慈济慈善事业基金会"投入人民币一亿元整为初始资金,成为全国第一家非营利组织所成立的全国性基金会,并接受国家宗教事务局管理。

经历，都懂彼此的痛苦。这些照片都是我们的宝贝，想他们了就在这里看看，要哭就大家一起哭哭！

在与一群妈妈座谈的时候，她们也曾这样说过：

我们在一起讲话很坦然，很平静，跟外人会不坦然。我们说的都是以前的事情。自己的儿子怎么样了，也会流泪，但是很平静。

我们娃娃离开父母都是10多年前，20多年前的事情了，优秀的娃娃也好，不听话的娃娃也好，他们都有优点，都是自己的娃娃，大家在一起讲都很坦然，都很自豪，因为毕竟是有那么一段经历，是一种回忆，在回忆当中享受快乐。

说实话，我们这个群体失去了娃娃，我们完全走出来不可能，但是我们也不会完全沉浸在里面，当我们回忆的时候是一种沉睡，当回忆完了，我们又走出来了。

图16和图17 "失独者之家"的宝贝照片墙

哈佛大学人类学教授克莱曼（Arthur Kleinman）近年来发表的系列文章，对"照护"行为提出了一些超越单纯医学手段的新思辨，认为照护实质是医学的一门艺术。首先，有关照护的记忆缔造了一个非比寻常的新的时间节点，这一节点并非是时钟或生物钟记录的某一时刻，而是生活经历的时刻，游离于想象与现实、失去与获得之间。这些照护的记忆可成为自我对话和与他人对话的中心，记忆中总是会流露出过往人与人之间互动的温暖和闪光点，帮助我们克服痛苦和恐惧，让我们在不确定和不安全的周遭看到曾经的希望，重新确定生活的意义。人与人之间照护的记忆并不会随着逝者的离开而消亡，它仍然会在我们伤心痛苦之后继续存留，我们会带着记忆前行直至死亡，甚至在我们都过世之后，仍然会有其他人保留部分有关我们的记忆继续前行。①

在计划生育特殊困难家庭中，这种对子女照护的记忆尤为深刻，尤其是对母亲。母亲作为直接的照护者，无论子女是否活着，母亲与子女之间的点点滴滴都可成为自我对话和与他人分享的中心。这些母亲多倾向于与同命人分享记忆，因为与局外人的分享往往是痛苦、勉强和被同情的，而与同命人的分享却恰恰相反，总是美好、自愿和被理解的。对孩子成长经历的分享让父母亲可以暂时脱离现实，一起回到脑海重组的记忆中，让过往"在一起"的余温给彼此相似的苦命带来片刻慰藉。这种同命人间的记忆分享成了集体性的感受力和行动力，被赋予了新的功能，它们强化了同命人间的共有集体身份，让彼此再次感受到生命中曾有的温存，赋予了同命人个体共同继续前行的力量。

其次，克莱曼还认为照护也是一种道德体验。在市场经济主

---

① KLEINMAN A. The art of medicine: caring for memories [J]. The Lancet, 2016(10038): 2596-2597.

导和医学技术大量介入的情况下，照护已变成了一种模式化、专业化和器械化的固定程序，但在任何人际关系中，照护都是人性的表达，它反映出家人和朋友是如何一起面对和抵御疾病、损伤和死亡的。在现代医学教育中照护从不是核心内容，但照护的功效往往可超越药物，它是家庭成员、好友、病患甚至是医务人员减少痛苦的一剂良药。伴随日常生活中点点滴滴的精心呵护，例如进食、盥洗、如厕、移动等，照护深刻表达了道德层面的力量，承认照护对象的痛苦、不足或不良处境，让病患感切到人情味。我们认为，计划生育特殊困难家庭中"照护"的功能也已远远超越照护本身，在不同家庭境遇中，照护同样衍生出了新的道德和社会意义。在"失独"家庭中，对孩子的照护经历成为彼此怀念美好时光和亲情的倚重，同时他们往往还把照护延伸到了社会，常常去帮助老人、山区的孩子和穷人们，看似是平常的献爱心，但对于他们，这份"照护"带来的生存意义和力量有别于一般意义上的慈善行为，它代表的是与"痛苦"的切割，"爱"的延续以及"家人"共同价值取向和行为方式的认同。此外，"失独"家庭对同命人的困难往往会产生更为强烈的同理心，尤其当某些"失独"父母罹患重症后，其他人会主动伸出援手，给予多种形式的照护。WH妈妈曾经就透露过，目前昆明市区的"失独"家庭中有七八位老人得了癌症或脑卒中，其他"失独"家庭的成员常常自发地轮流去照看，至少是去提供精神上的支持。当得知云南省计划生育协会开始为"失独"家庭购买照护保险时，他们十分高兴，曾经担心自己患病时无人照看，现在觉得有了些许保障。可见，这些家庭的父母对照护和被照护的意愿比其他老年人都更为强烈，因为这是安全感和亲情的重要表达途径。在"独残"家庭中，父母对孩子们的照护是一个极其漫长的过程，由于日积月累的消耗、无休无止的劳作，以及日益繁重的精神和经济的双重压力，父母往往都会相互"抱怨",但这不是单纯的个体发泄,他们的诉说寻求的其实是他人的理解和支持,若是在同命人中,抱怨也是相互之间经验的分享,可以让彼此学习解惑,共同寻找出路。

第七章　风烛残年，谁让我依靠

　　随着我国人口老龄化程度的逐步加深，我国第一代独生子女的父母也已迈入老年，他们在养老方面的迫切特殊需求也更加凸显，我国亟须完善政策和构建有针对性的养老服务体系，以让这些"孤寡"老人可以安享晚年。计划生育特殊困难家庭的养老需求虽然与一般老年人群体相似，主要聚焦在医疗、日常照护和生活保障等方面，但他们的需求又具有一定的特殊性，这些特殊性不仅体现在这一群体与一般老年人之间，也体现在这一群体内部，虽然他们都是"老无所依"的一类人，但家庭情况不同，困难和需求也就不同，困难维度越多，需求也就越复杂。例如"独残"家庭的需求与"失独"家庭的需求就不完全一致；跨代抚养"失独"家庭的需求与其他"失独"家庭的需求相比就更为复杂；独生子女精神障碍家庭的需求也有别于独生子女肢体残疾家庭的需求。需求的产生也源于需求与现实生活中既有制度、服务的差距，例如某类医疗服务的不可获得性或不可及导致了需求的持续存在和强化。因此，本章节将基于不同困难类型及需求与现实之间的差距和"求同存异"的分析逻辑，厘清计划生育特殊困难家庭的养老需求脉络。

一、计划生育特殊困难家庭养老的经济需求

　　如前所述，经济困难是许多计划生育特殊困难家庭当前最现

实,也是最直接的需求,尤其是因失致贫、因残致贫、因病致贫的家庭。这些家庭除了收入有限,基本生存境遇较差外,还面临着人力资本短缺、无暇就业、债务沉重、疾病缠身等一系列进一步使经济状况恶化的风险因素,不仅使家庭面临较重的经济负担,也使得老年父母极度缺乏安全感。《2013年度中国残疾人状况及小康进程监测报告》显示:城镇和农村残疾人家庭的收入均有所增加,但消费性支出也在增长,并且医疗保健支出是这类家庭仅次于食品支出的第二大支出项目,分别占家庭支出的18.5%和17.8%。城镇和农村的大部分残疾人都是靠家庭其他成员供养,全国残疾人家庭人均可支配收入仅是全国平均水平的56.2%,医疗保健支出在家庭总支出中的比重却远远高于全国平均水平。

虽然当前针对计划生育特殊困难家庭的帮扶政策中,经济补偿是最直接也是执行力度相对较好的一项措施,但补助额度偏低,云南省各地除了昆明市政府额外为昆明市的家庭每月增加了500元的补助外,其余地区的家庭基本上都是按照每月每人340元(死亡)和270元(伤残)的标准进行发放。某些符合民政相关政策的家庭,每月虽可领取50元左右的残疾补贴,但相对于所要支付的康复、医疗等费用来说,实在是杯水车薪。许多患有慢性疾病的被访谈父母都提到,这一补助金额连维持自己慢性病药品的花费都不够。在现场调查中,我们还了解到一个事实,许多"失独"父母并不知晓扶助政策,尤其是没有"单位"的父母,社区工作人员很少会专门走访这些家庭告知相关政策,父母们都是在同命人的口口相传中才得知政策的存在。并且根据规定,扶助金的发放并非是按独生子女死亡或残疾时间起算,而是按申请办理时间起算。举个例子,JU爸爸(63岁)的独女在20年前就去世了,他一直到2017年与王兰兰认识后才得知有扶助政策,也才开始申请，他于2018年起可以领取每月340元的扶助金，申请前的一律不补发。

第一代独生子女的父母现都已是老年人，自身很难再次就业或创业，且他们的慢性病患病率也呈增长趋势。对于退休收入较低的"失独"或"独残"家庭的父母而言，经济收入短缺无疑是安享晚年的最大障碍，并且也是陷入贫困的最大风险因素。在针对城镇户籍家庭的访谈中，80%的父母认为经济问题是自己今后养老过程中可能遇到的最大困难，因为如果经济条件好，生病了也不用担心没人照顾，也不用担心自己做不动家务，更不用担心生病看不起医生，这些问题都是需要"用钱"才可以解决的。

二、计划生育特殊困难家庭养老的社会保障需求

意外风险冲击是进一步加重计划生育特殊困难家庭经济负担的重要因素，例如失独之后再次遭遇重大打击（老伴重疾或意外伤害等）。从访谈中我们了解到，有部分家庭，即使退休工资本已足够维持生活，但若遭遇连续性的打击，需要额外偿还因意外状况欠下的债务，生活也容易迅速陷入困境。ZJ妈妈（69岁，小学退休教师）的独生女儿10多年前因病去世。女儿去世后的第3年，老伴因交通意外事故重伤入院抢救，虽然最终未能挽救其生命，但在抢救过程中大量进口药品和重症监护设备的使用费用均需ZJ妈妈自己支付，最后只能四处借钱。老伴过世后，原女婿又起了抢夺房产的念头，向法院起诉要求进行财产分割，ZJ妈妈的生活又起波澜，经济保障再度受创。2017年，ZJ妈妈体检时发现自己身患癌症，她每月近5000元的退休工资虽已足够维持基本生活，但巨额的治疗费用又该如何解决？像ZJ妈妈这样一波不平一波又起的经历可能并不多见，但不可否认的实事是，这些年迈

且无子女依靠的父母在遇到意外事件时,他们的应对能力十分有限,这也从另一侧面反映出了社会保障机制存在明显缺陷。若为农业户籍的家庭,在没有退休工资的前提下,家中的"一亩三分地"支撑基本生活开支都已是捉襟见肘,更何谈健康幸福的老年生活。

在现有政策和商业保险中,已经发生独生子女重疾、重残的这部分人群可购买的保险类型少之又少。加之许多母亲为了照护孩子,无法就业,本来就拮据的家庭经济已无力再承担购买各类保险的费用,虽然有部分被访的父母在社区缴纳了城镇居民养老保险,但额度不高,其年老后可领取的养老金也十分有限,甚至难以满足基本生存需要。因此,计划生育特殊困难家庭的父母对各类社会保障的需求也较突出,主要包括失业保险、养老保险、大病保险、意外伤害保险、有关子女未来教育和生活的保险等。

三、计划生育特殊困难家庭养老的心理需求

最新的家庭追踪调查研究结果显示,我国老年人的心理健康状况并不乐观,尤其是女性老年人、高龄老年人和患有慢性病的老年人,并且独居老年人的抑郁倾向最为显著,其次为不与子女同住的老年人。[①]近几十年来我国家庭结构已发生了明显改变,人口规模和代际组合缩小,核心家庭逐渐增多,家庭同住总人口数越少,从家庭中获得的支持,尤其是心理支持也就相应减少。有研究表明,独生子女精神病患者父母的主观幸福感较正常人群明显偏低,影响主观幸福感的主要因素是消极应对和家庭外的社会

---

① 国家卫生计生委家庭司.中国家庭发展报告2016[R].北京:中国人口出版社,2016.

支持。① "失独"父母会长期沉浸在失去孩子的痛苦中无法自拔，并普遍存在着孤独、自卑和抑郁等心理问题，其中60%以上的人患有不同程度的抑郁症，一半以上还曾有过自杀倾向。②

在我们的研究中，计划生育特殊困难家庭的父母也普遍存在不同程度的心理困境。在遭遇子女变故后，尤其是突如其来的变故后往往会留下巨大的心理创伤，容易出现创伤后应激障碍或者长期陷入自我封闭的状态。被访谈的许多父母都有自我边缘化的心理特征，不太愿意主动寻求人际交往，幸福感较低，这种情况在男性群体中还更为突出。见到GG爸爸（75岁，退休工人，独居）是在一次集体心理治疗活动中，GG爸爸突然在分享环节开口说话了：

> 这是我第一次参加这里的活动，这也是我第一次愿意在陌生人面前讲讲我的经历。我儿子是在20多年前去世的，他当时26岁，喜欢飙车（摩托车），经常和别人出去飙车，我说了他也不听。有一天，我突然接到公安局的电话，让我去一趟。去到现场，我就站不住了，儿子的尸体在路边，撞得面目全非，满地都是血，人行道上也是大片大片凝固了的血，至今那个画面都印在脑海中，太惨了。从那以后，我就不喜欢说话，不好意思说，也不想说，太痛苦了，我觉得就是我的错，如果当年不是我的忽视，我多教育多关心他，也就不会出这种事情。

---

① 侯秀梅，钱丽菊，刘利．独生子女精神病患者家属总体幸福感及其相关因素研究[J]．精神医学杂志，2016(3)：196－198．

② 佚名．暮年丧独子，他们的余生该何去何从？[N]．广州日报，2012－05－09．

如 GG 爸爸一样，随着步入老年，这些父母的孤独感也明显增加，他们寻找安慰或心理支持的需求也更加强烈，有些父母则更倾向于找同命人诉苦，因彼此相同的经历，更容易获得认同和理解，也不容易遭到歧视和排斥。

CJ 妈妈和 J 妈妈两人的遭遇颇为相似，她们都是退休工人，都曾幼年丧母。CJ 妈妈的独子成年后因病过世，一个月后其老伴也因病离世，独自抚养孙女长大。J 妈妈的老伴在儿子成年后过世，随后独子又因病离世，留下未成年的孙子陪伴 J 妈妈。在访谈中了解到，CJ 妈妈的原生家庭在昆明，家中还有兄弟姐妹，在遭遇一系列家庭变故后，她的兄弟姐妹给了她很多支持和帮助，CJ 妈妈心理上逐渐恢复了平静。在访谈中，CJ 妈妈健谈而乐观，对于未来的养老也有自己的想法和规划。相比之下，J 妈妈由于原生家庭在外地，虽然家中有兄弟姐妹却来往较少，在发生家庭变故后，J 妈妈认为朋友和亲戚担心被借钱，相互来往就更少了，访谈中明显感觉 J 妈妈非常悲观，也不健谈。事实上，CJ 妈妈和 J 妈妈住在同一小区，但互不认识。访谈后，在两人同意的情况下，我们从中联系，让两人见了面。经过几次交流后，J 妈妈告诉我们，她也能感受到 CJ 妈妈的积极乐观，相反，自己糟糕的心态不仅影响了自己的生活，也给孙子的成长带来负面影响。J 妈妈和 CJ 妈妈均表示，能多与同命人交流，相互之间更能获得理解，相互倾诉生活中的不易也是一种解脱和安慰。

GL 妈妈（54 岁，失独）也这样诉说过：

> 孩子刚离开的那几年，我确实不太想和任何人接触，就想一个人躲起来生活。现在慢慢老了，觉得自己更希望有那么一个群体可以让自己去诉说，听自己诉说，但是希望这个群体是个正能量的群体，少一些负能

量的东西。

虽然在现有的政策中也提及要为计划生育特殊困难家庭提供心理援助服务，但基于现实情况调查来看，能够开展此项服务的地方或社区几乎没有，"爱心鸟"虽也组织过心理疏导的相关活动，但缺乏持续性和有效性，造成这一局面的主要原因有四：一是极度缺乏能够提供较好心理疏导的专业人士；二是缺乏资金支持，难以相对固定和长期的为这一群体提供心理咨询服务；三是每个家庭的情况还有差异，除群体性活动外，也需要一对一的个体咨询和有针对性的帮扶，这就需要更多的人力、财力的投入和家庭的积极配合；四是当前的基层行政部门本身就承担了大量常规性事务，仅仅依靠基层的力量，很多"小事"难以落实。

四、计划生育特殊困难家庭养老的医疗需求

据相关调查统计，我国"失独"家庭父母的身体状况普遍较差，约50%的人患有慢性疾病，其中患重大疾病的约占15%。[①]而对于"独残"家庭，不良的健康状况更是家庭中的常态，往往还涉及两代甚至三代人。可以说，计划生育特殊困难家庭几乎都有频繁的患病经历，求医比例和频率也高于一般家庭。在访谈过程中，几乎所有的父母都提到了对"看病"的担忧，这也是未来最需要政府重视并提供相应服务的问题。

由于医学本身的专业性和老年病患的特殊性，构建医养融合的养老服务体系势在必行，这也是未来中国健康老龄化发展进程的必然选择。我国政府近年来已相继出台了系列政策，极力推动

---

① 苏向东. 中国"失独家庭"之痛谁来抚慰[N]. 中国观察，2012-07-30.

医养融合的探索和构建,例如《关于加快推进健康与养老服务工程建设的通知》《关于推进医疗卫生与养老服务相结合的指导意见》。但总体上,医养融合的养老进程在中国仍属于起步阶段,加之幅员辽阔,地区发展水平不平衡,少数民族众多,"医养融合"的探索本身就面临不少难点和挑战,例如医疗和养老资源分布不均,且主要集中在城市,能提供专业医疗服务的养老机构少之又少。所以,在未来几年甚至几十年内,老年病患的主要诊治场所和资源仍主要集中在医疗机构。计划生育特殊困难家庭在医疗方面的需求还有别于一般家庭,除了常规医疗服务的需求外,许多父母最担心的并非是医疗本身,而是就医的整个过程,就如M妈妈(72岁,失独)所说:

> 跟其他"失独"的相比,我们的年龄又要大一些,现在身体又不好,前几天还摔了一跤,爬都爬不起来,老伴身体也不好,天天也是在家里……我们平时生活都很难自己照顾自己了,好多家务事都做不了了,所以最怕生病,生病了没人照顾是其一,另一个在家里也没人管啊,自己也是担心着。我常跟这些比我小(年轻)的("失独"妈妈)说,你们等我拿手袖揩鼻涕的时候么,要来帮我揩揩呢……

许多被访的父母也有同样的忧虑,他们认为看病和接受治疗的过程都是痛苦的,没人陪伴,除了缺少心理支持外,连个帮忙缴费、看管物品、送饭送水和手术签字的人都没有。

虽然云南省政府按照相关规定给计划生育特殊困难家庭都发了优待证,并要求各级医疗机构为这些家庭开通就医绿色通道,但许多被访的父母坦言,这个优待证几乎就是"废纸",许多医务人员根本就不了解情况,有的甚至连什么是"失独"家庭都不知道。另外,这个证书仅能在排队挂号、交费时候可以用一下，但也需要与其他特殊人员一起排队走特殊通道，有时排队等候的时间也许更长，所以在他们看来优待证并无任何实质性的作用。在农村地区，家庭医生签约服务的对象也包括计划生育特殊困难家庭，但有碍于目前家庭医生的数量和服务能力，能切实为这些家庭开展服务或给予特殊关照的医生也是少之又少。2018年11月，云南省计划生育协会开始为"失独"家庭购买住院护理保险，可为"失独"父母每人每年报销不超过90天的50~150元/天的住院护理费用，但此项政策并不包含"独残"家庭，也没有覆盖全部"失独"家庭，所以政策和办理流程没有完全公开和大力宣传，很多受访的父母并不知情，即使知道了，在办理过程中也遇到了诸多障碍。

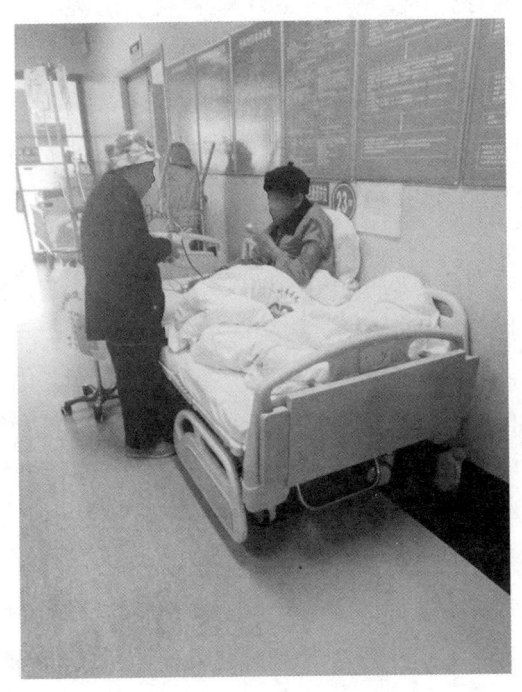

图18　某三甲医院急诊科观察室绿色通道病床上的一对"失独"老夫妇

在课题调查期间，课题组成员去了昆明市某三甲医院亲身体验为计划生育特殊困难家庭开通的绿色通道的服务。调查期间某日凌晨两点，我们在某三甲医院遇到一对"失独"的老年夫妇，挂号就诊后，老人因身体情况不好被医院急诊科收住在急诊观察室。在出示了"优待证"后，老人被安排在观察室的绿色通道病床，病床单独放置在观察室的走道上。两位老人已经70多岁，因为老伴肺部感染呼吸困难，老太太陪着他深夜来到医院急诊科。找不到旁人帮忙，老太太只能自己来医院照顾老伴，观察室内没有陪护人员坐的座椅，老太太累了也只能挤在老伴的床脚。整整一夜，老太太都没有合眼，医院的医生护士也没有提供特别的帮扶。天蒙蒙亮的时候，年迈的老太太到食堂买了早点来给老伴，孤零零的身影在空荡的走道上显得特别的凄冷……这一幕也许只是发生在每天忙忙碌碌的医院中的一个小插曲，但却是每一个计划生育特殊困难家庭的父母在年迈之后必然遭遇的现实。

五、计划生育特殊困难家庭养老的方式需求

在国家系列政策的指导下，我国当前的养老服务体系主要以"居家为基础、社区为依托、机构为支撑"，但由于当前养老机构数量有限，社区养老服务尚未完善，以及受传统文化的影响，居家养老仍是目前我国大部分老年人，尤其是农村老人的主要养老方式。实现居家养老的一大前提就是老年人能够得到来自家庭的生活照料和精神慰藉，但随着家庭规模的逐渐萎缩，经济能力和人力资源都有可能成为制约居家养老良好运转的因素，影响到老年人的养老质量，使得许多子女，尤其是独生子女面临很大的压力。我国最新的家庭发展追踪调查结果显示，家庭仍然承担着老年人照料的主责，但有近90%的家庭照料资源短缺，需要社会照

料给予补充。①

计划生育特殊困难家庭由于子女照护功能的缺位,在开展调查前课题组原假设认为许多父母可能会更倾向于机构养老,但调查事实却恰恰相反,几乎所有的被调查父母都倾向于选择"居家养老"或"居家抱团养老"。这一选择的主要原因是他们普遍认为当前公立的养老机构基础条件和服务水平都十分有限,不能较好地满足自己的期望,也担心受到不公正的待遇。而某些私营的养老机构虽然条件和服务质量都能达到较高水平了,但费用太高,自己无力支付。就如ZJ妈妈坦言的:"高档的自己满意但是住不起,收费便宜的自己又看不上,不是要求要有多高,是起码的卫生条件都无法满足。"尽管绝大部分父母倾向于选择居家养老,但与此同时,他们也提到了在日常生活照料、子女照料等方面的担忧和需求,他们所期望的居家养老模式实质上是一种社区和居家养老高度融合的模式,这也从一个侧面反映出了我国未来居家养老的演变趋势,不再是单纯依靠家庭成员的力量,而是形成融社区服务、智能服务和医疗服务为一体的居家养老照护模式。计划生育特殊困难家庭居家养老的最大困难在于缺乏子女的照护,需要社区和社会提供服务支持。

(一)生活照料的需求

在对独生子女家庭养老需求的研究中较多提及的是,随着独生子女父母日益老迈,身体健康状况日益下降,自理能力逐渐丧失,日常生活照料和长期护理就成了这些家庭最为紧迫的需求。而对于计划生育特殊困难家庭来说,由于失去了独生子女的支

---

① 国家卫生计生委家庭司.中国家庭发展报告2016[R].北京:中国人口出版社,2016.

持，加之心理的孤独感和沉重的经济负担，此类家庭对生活照料的需求更加凸显。尤其是农村地区，由于公共服务和医疗资源的匮乏，此类家庭在日常生活照料和医疗保健方面都很难获得支持，许多被访的家庭目前主要是依靠邻居或亲戚的自愿协助。王欢欢也曾提到当前农村独生子女父母的生活照料存在复杂性，这些家庭居住较分散，父母的老年生活照料处于非常弱势的地位，这是个人、家庭、政府和社会环境系列制约因素综合作用的结果。[1] HX妈妈已有80岁的高龄，居住在农村，独子1998年因车祸意外身亡，老伴也于3年前过世，儿媳早已改嫁且居住在外地。见到HX妈妈时她正在家里与邻居家的另一位老年女性聊天。HX妈妈每月仅靠政府救助的340元和丈夫单位补贴给遗孀的300元为生，支付医药费和水电费后，几无所剩。由于养老机构离家太远，条件也十分有限，HX妈妈只能在家里孤独终老，每天靠周边邻居家的女性自发的到家里给她送食物过活。

虽然城市社区家庭居住的布局密度相对集中，但在调查过程中，我们却发现由于邻里关系的疏离，计划生育特殊困难家庭更难获得来自社区的支持。如前所述，就连"失独"后可以领取补助这样的重要政策都是通过私人渠道才能知晓，大部分社区的工作人员并不会上门提供主动服务和关怀。

M妈妈，72岁，老伴72岁，失独

跟其他"失独"的相比，我年龄又要大一些。现在身体又不好，前几天还摔了一跤，爬都爬不起来，老伴身体也不好，天天也是在家里。我们两个都只能是做点力所能及的家务，现在打扫卫生都困难。前几天老伴盖的

---

[1] 王欢欢. 农村独生子女家庭生活照料的困境研究——以山东省C镇为例[D]. 上海：华东理工大学，2014.

被子棉絮都出来了，我也没有精力去弄，就只有这样。洗了被子换个被套都困难，我和老伴都要使出很大的力气。社区里、单位里从没人关心过，那么多年，社区就是派过1个人来帮我们擦过1次窗子，后来就再也没有来过了。

在昆明市的某社区，我们也了解到了另一种局面，社区工作人员每月会主动电话联系或亲自上门探望登记在册的计划生育特殊困难家庭，该社区被访的家庭对此心存感激，认为自己没有被遗忘。

W妈妈，78岁，独子50岁，患重度精神分裂

我这把身体，每天买菜都只能背个双肩包，一次多买点，吃上几天，要不然走路都费劲，更别说擦窗子。去年过年居委会帮我把窗户擦了，多少年没有擦过了，窗户亮堂堂呢心里也舒服了。我们居委会主任很好，她知道我家情况，差不多（隔）3个月就会来我家看看我，逢年过节也会来，自己想着还有人关心自己就觉得这辈子还有点温暖。

W妈妈所在的社区开展了政府购买的"三社联动"①社区服务项目，尽管只是短期试点项目，但依旧能明显看到项目对社区弱势群体的支持。完善的社区服务和志愿者服务可以在一定程度上弥补计划生育特殊困难家庭的养老劣势，可通过"家庭医生""社区定点帮扶"等为他们提供基本的日常和医疗保健服务。

---

① "三社联动"项目是由政府购买服务，以社区为平台、社会组织为载体、专业社工为支撑的"三社联动"社区治理模式，为社区居民提供了专业化、精细化的社区服务。

（二）喘息照料的需求

在对"独残"家庭的调查中，其父母均谈及自己已身心疲惫、心力交瘁。由于长期沉重的家庭照料负担，他们放弃了工作、休闲娱乐、日常交往等，巨大的经济压力也让他们无力聘请家政人员，父母年龄越大，照料负担也就越重，并且与自身的养老需求还产生冲突。因此，多位被访谈的父母均提及希望可以在自己精疲力竭的时候有个喘息的机会，能有地方提供暂时性的对子女的照护，让自己也有一个调整和修养身心的片刻休息。

YJ 妈妈，32 岁，8 岁独子重度智力障碍，自闭症

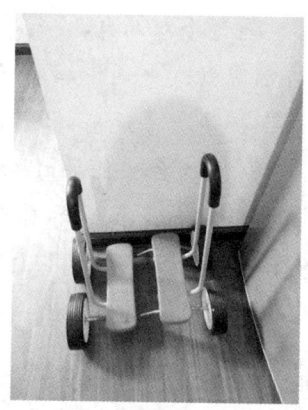

图 19　YJ 妈妈租住的家中放满了孩子康复的器材

我最希望的事情就是可以有一天的时间,让我不用带着孩子,可以安安静静一个人待一天。我对自己以后老了也没有什么要求,只希望到我老的时候,政府会建一个类似托管所的机构,可以把孩子委托照顾一段时间,哪怕一个星期也好,这样我老了这辈子也就有点指望能过几天自己的日子。我听新闻上说有的地方可以在年轻的时候做一些志愿者的工作,去帮助养老院照顾老人呀什么的,到自己老的时候再被人照顾。我觉得这种挺好的,我特别想我年轻还累得动的时候去多做点,到我老了,有人也能帮帮我,哪怕几天都好。

Z妈妈,54岁,丧偶,28岁独子脑部结节性硬化瘤

我对孩子已经没什么指望了,这辈子就这么过了吧,就当是上辈子欠了他的。我的想法特别简单,我每年都去献两次血,人家说现在献血如果以后需要用血的时候可以优先。我就想能不能等我老了,我现在献血了,我照顾不动这孩子,可以拿献血证明(请人)帮帮我,哪怕就帮我几天。

B老师,女,42岁,特教学校教师

我们特教学校是全托的,一年除了寒假和暑假家长接回去,其他时候都在学校里,所以我们这些老师的压力很大,责任也更重,早中晚都有老师值班。对于这些家庭来说,放在学校里的日子是他们最轻松的,但是我们只能招收生活能基本自理的孩子,也只接收6~15岁的孩子,再大些的孩子我们就没法接收了。那些残疾很严重,生活不能自理的孩子我们只能利用假期时间送教上门,有的在很偏远的山区,我们去一次都很困难,真的无法想象这些家庭的生活,有的家庭就只是解决了温饱,家徒四壁的,根本谈不上对孩子的照料,养活就很不容易了。我特别理解这些家庭的压力,孩子小的时候还好,还有特教学校,等孩子成年了,生活不能自理的孩子只能依靠家里,这些家长要承受多大的压力。

(三)抱团居家养老的需求

在前述的"失独者之家"的启发和鼓舞下,"云南爱心鸟失独家庭关爱中心"在民政部门的支持下成立了,这是全国范围内第一家为"失独"家庭提供综合服务的公益性组织,它进一步拓展了"失独"家庭间的网络构建和社会支持服务内容。在"爱心鸟"和"失独"家庭的共同努力和倡导下,昆明市政府在呈贡新区开展了"失独"家庭抱团养老模式的试点,为25户"失独"家庭在呈贡的廉租房小区申请到了住房和一间公共活动室。这25户"失独"家庭父母的年龄集中在50~80岁,大多为企业退休职工。我们与这一群"特殊"的家庭建立了良好的信任关系,多次与他们座谈。从座谈中我们了解到,"抱团取暖"是这些家庭的父母愿意放弃昆明城区的住房,而搬迁到相对偏远且生活基础设施尚未健全的呈贡区的最大驱动力。他们把"抱团"视为另一个组合式"家庭"的建立,互称兄弟姐妹,其中有一两对夫妻充当"家长"的角色,负责团队管理,例如召集、协调和组织某些公共活动。这是全国第一家由"失独"家庭自发组织形成的抱团养老社群,虽然在建立过程中曾遭遇重重困难,但老人们都希望可以通过自己的智慧和努力为更多"失独"家庭提供可借鉴的养老模式。这种重组的集体"家庭"既是生活方式和社会关系的重构,也是群体的自我划界和保护,建立共有集体身份和认同的期望。

抱团养老也是近年来我国社会出现的一种新型养老模式，多为老年人变被动为主动，根据亲缘、地缘、业缘、志趣等条件自发组织形成的养老团体。国内学术界对此的关注并不多，但也有学者指出，抱团养老可以满足空巢老人在生活照料、精神慰藉和医病看护上的需求。① 在对呈贡抱团养老家庭的调查中，我们也能深切体会到"家庭"中老人之间构建起的"亲密关系"无论是在心理、情感上还是生活、医疗互助中都发挥了较好的支撑作用。

  我们有合唱团，经常在一起唱唱歌、玩玩，打打麻将这些。在这里住的真的是开心的，终于有家的感觉了。我们昨天才回来，我们这些人约着去澄江玩，在一起玩得很开心，大家在那会是完全放松的了，可能你们是看着这些老奶像在"炸街"（大家都开怀大笑），一条街只看见我们，放松、开心。

  我们在这点有25户人家了嘛，还有一户人家今天没来，他是个残疾人。有一天他刚好从陆良回来，下着雨，因为他残疾，人家把他送到门口，但是我们在楼上一看见他回来了，他的电话还没打到，就有人马上下去帮他拿东西，送到家来。因为他脚不方便嘛，想着他没吃东西，我们就这个送个蛋，那个送个菜，我看着都觉得太感动了，他看着也感动了，给他送米线的、送面条的，第二天还问还想要哪样给你去买……这就是我们力所能及的事情，我们在一起才能做这些事情，如果他住在陆良我咋个去做，哪怕他病危在家里面了，我咋个够得着，我有这个心我也够不着，这就是我们住在一起的

---

① 崔娟. 抱团养老：老工业城市养老模式的探索[J]. 老龄化研究, 2017(2): 26-31.

好处之一，我们能够近距离找到能够帮助自己的人。

我自己腰椎间盘突出，一个多星期没出过门，上个厕所都是她们来扶，都是我这些姐妹一个一个地来帮我，帮我按摩呀帮我做热敷，当时我眼泪都出来了，真的是太感动了，亲姊妹也可能做不到。这个就是我们"失独"老人，自己帮助自己。

我们选择住在一起最大的好处主要就是精神（充满精力），精神说句良心话比以前好多了，心情也好了。以前在城里住小区他们就会问你的娃娃呢，咋个一天不见，只要一问就会触到我的痛处……我说姑娘在外面，也不好得讲娃娃已经不在了。在城里住了10年，他们都不知道我是"失独"，因为我都不讲这些，人家问我也不想回答，怕提到这个问题。在没满60岁以前有哪样病我都扛过来了，60岁以后才意识到，自己不年轻了，是越来越老了，娃娃也不在了变成"失独"家庭了，老无所依了，别的家庭都会有姑娘儿子来看看，你说是哪个爹妈生病了姑娘儿子不急的，是自己身上掉下来的肉呀！去年住院我才意识到自己真的老了，问题想得也多，我们这个群体并不是我们愿意过这种日子的，岁数越来越老了，我们抱团在这里，楼上楼下还可以相互照应。

从这些叙述中不难看出，"抱团取暖"是为了获取更多的相互理解和支持，这是一种建立在共同情感、遭遇、诉求基础之上的以互助为核心的"团结协作"模式。内部是团结，外部是安全距离：他们用轻松、平等来形容相互之间的关系。这种平等并非源自社会地位或资本，而是源自相同遭遇后的同理心，相互之间的言语和行为不会触碰到内心深处的痛点。

"抱团取暖"的产生也印证了费孝通对中国人家庭差序格局①的描述。有别于西方社会的团体格局,中国"家"的边界并不十分清晰,家是一个具有弹性的基本社会单元,它可以是有血缘关系的家人,也可以扩展为容纳了家族中姻缘、血缘关系的亲戚,还可以进一步延伸为被认同具有亲密关系的"朋友圈",好比石子投入水中的波纹,从内圈开始向外扩展,这些圈内人都可视为家人,只是亲疏关系有所差异。在"失独"家庭群体中,绝大部分家庭以血缘为纽带的内圈已经发生了改变,甚至不复存在,同时许多人还主动切断了与家族其他亲戚的往来,因此与"同命人"的结盟反而成为最重要的"家"的认同和构建。

(四)"独残"家庭的"捆绑式"养老需求

以往研究提出,与有子女老人相比而言,无子女老人在经济来源、生活方式、社会交往、生活质量、身体状况等各方面境况都较差。② 但基于本研究结果,这一论断似乎在"独残"家庭中并不完全成立。相较于有子女的家庭或无子女的家庭,"独残"家庭中的父母步入老年后的困境则更为显著,残障独生子女的生活经济需求、照护负担、社会融入等均成为年迈父母生活中不可分割的一部分,其父母的养老困境具有多维性,这种多维性体现在三方面:第一,从纵向维度分析,"独残"家庭的养老困境是跨代际的。父母及其残疾子女就像"共生体",若子女问题得不到解决,"独残"父母的养老需求也就无法有效满足;第二,从横向维度划分,他们生活中的难点涉及多个领域,包括经济、医疗保健、家

---

① 费孝通.乡土中国[M].北京:北京出版社,2011.
② 陈宁."全面两孩"政策背景下计划生育利益导向政策的完善[J].人口与社会,2017(2):94-101.

庭照护、心理健康和性健康等；第三，从内外角度辨析，"独残"家庭的养老困境不仅是家庭内部各项功能弱化的表现，也是缺乏社会支持甚至反而是受社会歧视等外部环境夹击形成的不良局面。"独残"家庭父母的养老需求呈现出一种特有的"捆绑式"多维格局，而当前的扶助政策多侧重于单一的经济维度，尚未充分考虑两代人在心理压力、社会适应能力，以及性与生殖健康方面的多重需求。

六、计划生育特殊困难家庭的性与生殖健康需求

继1994年联合国人口与发展大会召开后，性与生殖健康在人类社会发展中的重要程度开始引起关注，人人享有性与生殖健康的倡议也受到全球的关注和认同。性与生殖健康强调以平等、赋权和尊重为基础，每个人都能够享有知情、愉悦、安全的性生活，而免受强迫、歧视、暴力、疾病和非意愿妊娠的困扰，因此，社会应当为不同人群提供基本的、适宜的医疗保健服务，保障人们能够幸福安全地应对一切有关性和生殖的需求。在研究过程中，性与生殖健康方面的担忧和需求也是诸多被访父母提及的一个突出层面，虽然这与养老问题并没有直接的关联性，但也涉及许多家庭的安康和社会的和谐稳定，它也是很多父母们当前面临且亟待解决的一大难题。计划生育特殊困难家庭的性与生殖健康需求主要集中体现在两个层面：一是"失独"父母自身的再生育需求；二是"独残"家庭子女的性与生殖健康指导与服务。

在"失独"家庭中，有些独生子女逝世时父母的年龄并不大，尚有再生育的机会。当问及为何没有再生育的时候，有些父母是因为自身身体条件的限制（例如有心脏疾病等），有些父母曾经尝试过但却因缺乏专业指导而未能成功。21世纪以前，由于医学技

术和医疗服务水平的限制，性与生殖健康知识和服务的可及性还较差，人类辅助生殖技术在我国的应用发展也尚处于起步阶段，许多"失独"家庭再生育的意愿和需求未能获得有效满足。现如今，生殖医学技术快速发展，但高昂的费用和相关保障制度的缺失，仍将许多"失独"家庭挡在了门外。为了满足部分"失独"家庭再生育的愿望，"爱心鸟"也曾在经济和技术上为20余户"失独"家庭提供再生育援助，最终有5户成功生育。未来几十年，随着"失独"家庭规模的进一步扩大，"失独"父母的再生育需求也将增多，仅靠个别机构或组织的帮扶显然是不够的，而且即使是没有再生育能力的父母，也应该为其提供基本的性与生殖健康咨询和保健服务。

"独残"家庭的父母除了担忧子女未来的生活和教育保障外，还对子女的性与生殖健康表现出格外的担心。《2013年度中国残疾人状况及小康进程监测报告》指出，我国适龄（男22岁以上，女20岁以上）残疾人在婚率为63.7%，并且根据从2007年开始的相关监测数据分析，残疾人在婚率基本上保持不变，远低于全社会83.1%左右的水平。残障人士，尤其是具有精神和智力残疾的人群往往难以婚配，但无论是在医学上还是社会接受程度上，这一人群并未认定为不适合结婚生育。虽然确实存在遗传性疾病的隐患，或者因为抚养能力等条件限制，某些残障疾患的生育的确存在较大的风险和伦理学争议，但并不能因此否定残障人士享有性与生殖健康的权利，也不能否认他们的性和性健康需求。

如之前所述的案例二中，我们在CX爸爸家访谈的时候，他15岁（2017年）的自闭症独子坐在沙发上。他胡子和头发有点长，正躺在沙发上听着红歌，对于外人的到来他没有很怯懦，看了一眼父亲后，仍然保持着他一个人在家时的状态。在我们与CX爸爸的整个访谈过程中，孩子毫不介意外来者的存在，进厕所之前就把裤子完全脱了,甚至旁若无人地时不时自慰,CX爸爸在一旁制止,但又不知道该用什么方法正确引导孩子,显得十分尴尬。CX爸爸说这也是他不愿带孩子出门的原因之一。另一位严重智力障碍独女的妈妈也有着不为人知的担忧:"我家是女儿,别的还好,就怕她生理期,她什么都不懂,给她用卫生巾都不懂,这个时候我都不敢带她出门……"PP妈妈(40岁,6岁独子重度自闭症)在访谈中也曾提道:"我们这些妈妈还特别担心孩子青春期的性问题,若是男孩子,生怕(非常担心)他在外面的一些不好的举动,让别人误以为是流氓,被乱打乱骂。若是女孩子,那就更担心,生怕她们被侵犯了都不知道,然后又怀孕,所以有些妈妈干脆差不多的时候就带她们去结扎了。"ML妈妈(60岁)家就是一个真实的案例,精神障碍的独女连续生育3胎,并且也都是残障儿童,进一步加重了家庭的负担。

因此,为残障人士及其家人提供必要的性与生殖健康咨询和服务是一项亟须建立和完善的社会责任。

第八章 为他们搭建一个"家"

一、基于困难和需求的政策建议

(一)构建独生子女家庭父母养老的支持体系

从 2018 年 3 月起,随着国家卫健委《计划生育特殊家庭服务管理信息标准和规范》的出台,"计划生育特殊困难家庭"已更名为"计划生育特殊家庭"。根据具体界定,计划生育特殊家庭仍主要是指已领取独生子女父母光荣证但独生子女死亡或达到三级以上残疾的家庭。本研究从"家庭"完整性及其功能的视角出发,力图探讨在独生子女完全缺位的情景下,其父母面临的养老困境和需求。随着"全面二孩"政策的实施,"独生子女"政策已成为过去,但未来诸多已是独生子女的家庭依然面临"失独"的巨大风险,并且这些家庭父母的养老问题将是计划生育政策执行后引发的最大集体性需求。若按"子女缺位"的标准判断,有部分家庭并未被纳入到现有政策的考虑范畴中,例如独生子女患有重疾但未有残疾者,或独生子女失踪或需长期服刑者,这些家庭的父母一旦步入老年同样会面临血亲照护和支持的缺失。

此外,排除独生子女缺位的因素,在现实众多独生子女家庭中,父母未来的养老需求都受到不同程度的挑战,例如"双独"家庭的"4+2+1"模式,4 位老人的养老照护将是家庭的沉重负担;独生子女移居海外的空巢家庭等。因此,我们建议在相关政策制定和执行中，首先应该按照"独生子女"的不同情况进行家庭分类，针对不同情况独生子女家庭构建父母养老的支持体系；其次，应对"计划生育特殊家庭"进行重新界定，例如可将父母任何一方年龄在60岁及以上，家庭中的独生子女因死亡、疾病、残障或丢失等原因造成子女缺位或丧失照护能力的家庭判定为特殊家庭，而不只限于"失独、伤残"。

（二）针对不同特殊家庭类型精准实施帮扶策略

惠永强和康越曾提出，"失独"家庭存在多种类型，若按发生原因区分可分为意外失独和因病失独；若按人口组成划分，可分为隔代失独和相对失独；若按时间划分，可分为永久性和短暂性失独。[①] 不同类型家庭面临的困境和社会保障需求也大为不同，但在现实中却存在政策供给失衡，究其原因主要是受助群体年龄和家庭类型固化导致分类施策不足、经济扶助主导的"失独"保障政策难以解决各类家庭的多重困境、"嵌入"式的社会保险与社会关怀政策缺乏独立性和完整性。本研究也同样发现计划生育特殊困难家庭具有多种"亚型"，"失独"家庭就包括隔代失独、多代失独、单人户家庭等；"独残"家庭也包括肢体残疾、精神残疾、智力残疾和多人病残等。家庭的身份标识越多，困难也就越多，我们认为在政策执行中，应进一步针对不同家庭类型开展精准帮扶，真正以"需求"为导向提高帮扶的效果和效率。

1. 对农村、城市家庭提供不同的养老服务

在本研究中，我们选择了农村社区和城市社区开展现场调查，发现农村地区的计划生育特殊困难家庭还有别于城市社区的

---

① 惠永强，康越. 不同类型失独家庭的社会保障政策困境与解决路径[J]. 北京化工大学学报（社会科学版），2018（1）：52–57.

家庭。比较而言，农村地区的家庭需要更多的社会支持。原因有二：第一，根据计划生育政策，独生子女政策在执行中主要针对的是城市户籍居民，大部分农村居民可以生育二孩甚至三孩，因此农村地区的计划生育特殊困难家庭数量比城市少，但居住分散，很难开展集中帮扶，相互之间也难以形成支持性网络；第二，由于农村地区公共服务、养老和医疗资源都相对匮乏，农村家庭的老年人更难获得优质的服务和支持。此外，农村和城市家庭需要的养老服务内容也有所不同，基于调查结果，农村计划生育特殊困难家庭最迫切的养老需求是经济保障和物质帮扶，而城市家庭更迫切的养老需求则是日常照料、医疗帮扶和心理支持。

2. 精准识别、精准施策

现有的计划生育特殊困难家庭的帮扶内容较单一，主要以经济补偿为主。而实际上，这种"一刀切"的普惠型的扶助政策很难回应不同家庭类型差异化的需求，导致政策与家庭需求之间错位或供给不足。因此，我们建议应加大对不同家庭类型、不同困难和需求的识别力度，使帮扶政策更加精准、有效。例如，应加大对"失独"家庭父母的心理帮扶力度，提高"独残"家庭的经济救助力度，为"独残"家庭提供子女的融合教育和康复支持等。

(三)加大政策宣传和执行力度

当前，国家和各省(区、市)均出台了一系列针对计划生育家庭以及特殊困难家庭的扶助政策，并不断完善和更新。但在调查中我们发现，许多父母并不知晓或未能及时知晓相关政策，知晓了的那些多是由亲戚朋友而非社区工作人员告知。因此，应通过各种媒体平台或渠道，加大有关计划生育救助政策的宣传引导，提高社区对特殊困难家庭的识别和服务力度，让政策能尽快惠及需要的人群，提高政府的公信力和执行力。

(四) 注重权益维护

从调查结果可见,很多计划生育特殊困难家庭的父母存在"担心被人知道""担心他人议论""担心孩子受到歧视""担心去养老院没人管、被虐待"等心理,而这些担忧的出现归根结底是社会偏见的存在,以及他们对自身尊严和权利的诉求。同时,由于某些制度壁垒,导致这些家庭的父母在享有服务过程中也面临一系列困难,因此,我们建议应注重和加大对这些家庭的权益维护。

1. 完善相关监护制度

2017年《中华人民共和国民法总则》开始实施,其中第三十三条:"具有完全民事行为能力的成年人,可以与其近亲属、其他愿意担任监护人的个人或者组织事先协商,以书面形式确定自己的监护人。协商确定的监护人在该成年人丧失或者部分丧失民事行为能力时,履行监护职责。"《中华人民共和国老年人权益保障法》第二十六条第一款规定:"具备完全民事行为能力的老年人,可以在近亲属或者其他与自己关系密切、愿意承担监护责任的个人、组织中协商确定自己的监护人。监护人在老年人丧失或者部分丧失民事行为能力时,依法承担监护责任。"

尽管在近几年意定监护开始步入大家的视野,但是大众对其知之甚少,甚至很多社区居委会也对此一无所知。在相关研究中认为:意定监护的监护手段较为单一,对所有无民事行为能力的人和精神病人一视同仁,存在相关配套法律法规欠缺、监护人选任不合理等问题。[1] 同时,意定监护的监督需要找第三方执行,

---

[1] 康金娉,浦纯钰. 老龄化社会背景下老年人意定监护制度研究[J]. 中国集体经济,2019(17):113-114.

而专业从事社会监护的组织较少。一些研究认为,意定监护制度的生效标准较为模糊,目前我国对于民事行为能力的认定主要以"辨识能力"作为判定标准,即以行为人能否有效辨认个人行为的目的、性质和后果作为判断民事行为能力的依据,并将这一标准外化为年龄和精神状态两个层面。这一标准存在因身体疾病或其他原因导致的"意思表达能力"(即能够通过自身行为有效地将内在意思向外界传达的能力),而非"意思形成能力"的衰弱应否适用成人意定监护制度的争议。[1]

因此,对于计划生育特殊困难家庭,特别是"独残"家庭而言,未来子女的监护,亟须在现有法律法规的情况下,建立有针对性的、可操作的监护制度。

2. 建立合法的信托制度

由于继承人缺失,或者父母需为残疾子女寻找合法、可信托付人等情况,这些家庭中还存在"遗产托付"的需求,在制定养老政策时建议考虑以"遗嘱信托"的方式,维护计划生育特殊困难家庭的合法权益,解决他们的后顾之忧。计划生育特殊困难家庭的父母可以在有生之年,将遗产托付给具有合法资质和专业能力的机构保管和运营遗产,并按照委托人意愿由委托人指定人员用其遗产负责安排其身后事,并对遗产进行管理和分配。这样,不仅可以解决"失独"家庭"无后人送终"的忧虑,也可以解决"独残"家庭父母对子女未来的担忧。如在深入访谈中一位独子患自闭症的父亲所言:"我儿子现在已经快 30 岁了,他的生活可以自理,但是不可能靠自己找工作谋生。我只希望我有生之年可以为他存点钱,到我不在了,可以有那么一个机构托管我的遗产,每个月

---

[1] 郑晶月. 论我国新型成人意定监护制度的体系化建构[J]. 牡丹江大学学报,2019(7):87-89.

固定给我儿子一定数额的生活费,让他自己可以生活。"另外一名独子重度智力障碍的妈妈也谈及希望可以给孩子存点钱,自己老了以后可以把孩子送去托养机构,把自己的积蓄托付给一个有政府监管的地方,每个月固定打钱给托养机构,这样的话自己也能死而瞑目了。

3. 建立合法的基金制度

由于独生子女家庭的抗风险能力较弱,应从国家政策层面为独生子女家庭创建合法的保障基金制度,建立独生子女死亡、重疾、伤残扶助基金,同时也为计划生育特殊困难家庭父母建立养老、医疗保障基金,以规避独生子女家庭因抗风险能力弱导致的经济困难和由此引发的一系列问题。

4. 重新核算补助起始时间

计划生育特殊困难家庭的困难是从独生子女死亡或鉴定为残疾的那一刻就开始的,因此,为了从经济上切实体现对这些家庭父母贡献和需求的认同,救助金的起算时间应该是从父母年满49岁就开始,若子女是在父母49岁后发生意外的,则应该按照子女发生意外的时间起算,而非是按当事人的申请时间起算。

(五)发挥社会支持效能

计划生育特殊困难家庭由于家庭功能的部分缺失,家庭的需求难以满足。政府部门在制定其相关养老政策的过程中,应考虑社会支持对其家庭功能的补充。社会工作相关理论认为资源分为内在与外在两种,社会支持网络为外在资源,可强化社会弱势群体的网络范围与支持功能。在方曙光的研究中认为良好的社会支持,可以减轻心理应激反应、缓解精神紧张状态、消除个体心理障碍和提高社会适应能力;是自立行为的基础,也有助于提高个体的自我认同;能帮助人们获得物质、情感、友谊等各种资源,解决日常生活中的问题和危机,并维持日常生活的正常运行;有助于缓冲个人与社会的冲突,保持社会稳定,增强社会的整合度。① 全国性的调查研究也显示,社会支持和社区环境对老年人的心理健康状况有较好的促进和补充作用。②

调查研究发现,计划生育特殊困难家庭由于家庭结构和人员的变化,家庭功能也未能得到较好地发挥,他们很难从家庭内部获得有力支持和资源,因此这些家庭对外部资源的需求巨大。因此,应该加大社会网络和社区支持的构建力度,帮助这些家庭形成合力,促进家庭和社会的发展。

1. 构建计划生育特殊困难家庭的社会支持网络

调查结果显示,计划生育特殊困难家庭容易从"同病相怜"的角度构建群体间的社会支持网络,特别在"失独"者退休之后,由于没有了工作和其他牵绊,他们从内心深处更渴望找到自己心灵的归属,他们有时间和余力参与到更多的社会活动中。而对于"独残"家庭而言,他们同样渴望获得同命人的信息支持和帮助。现有这些共同体和网络建立后不仅没有发生所谓的"群体事件",反而还在这些家庭间形成了较好的凝聚力,消除了父母的孤独感和担忧,同时还为传播相关信息和信念提供了有力的平台。因此,我们建议可由政府主导,确立一定的制度规范,鼓励计划生育特殊困难家庭组建群体性组织,政府负责监管、宣传和合理引导。

---

① 方曙光. 社会断裂与社会支持:失独老人社会关系的重建[J]. 人口与发展, 2013(5):89-93.

② 国家卫生计生委家庭司. 中国家庭发展报告2016[R]. 北京:中国人口出版社, 2016.

2. 发挥社区功能，为弱势家庭提供社会支持

社区也是支持家庭发展的主要阵地，可以考虑用政府购买服务的方式，引社会组织进驻社区，运用社会工作的理念，招募社区服务志愿者，组织社区内老人的结对帮扶等，开展诸如打扫、清洁、搬重物等家政服务，理发、做饭等照料服务，聊天、陪伴等心理服务，帮助计划生育特殊困难家庭与社区互动，提高其家庭生活质量，逐步加强社区的服务功能。

加强社区服务的各项措施中，对计划生育特殊困难家庭推行100%家庭医生签约服务，并落于实处，增加家庭医生的服务内容，将对计划生育特殊困难家庭中老、病、残的护理及照料列入社区卫生服务中心的工作职责，缓解其家庭的照料压力。注重社区的康复服务，对计划生育特殊困难家庭采取上门服务的方式，通过康复服务增强计划生育特殊困难家庭中老、病、残成员的生活自理能力。

同时，在社区内倡导和谐的邻里关系，营造出"互帮互助"的社区氛围，广泛开展志愿者服务活动，让社区居民参与到对计划生育特殊困难家庭的帮扶中。

（六）健全社会保障制度

由于计划生育特殊困难家庭普遍存在经济困难，很多家庭无法正常缴纳各类社会保险，而这些保险又是增强弱势家庭抗风险能力的重要途径和手段。因此，应进一步健全针对计划生育特殊困难家庭的社会保障制度，扩大覆盖面，根据家庭收入进行划分，对经济困难无法缴纳社保的家庭，可采取政府补助或政府买单的形式，保险项目可包括养老、基本医疗、重病险、长期照护、意外伤害等。在制定公租房政策时，考虑对计划生育特殊困难家庭给予政策倾斜。对选择机构养老的家庭也给予一些经济补

助。同时出台相关政策，促使商业保险向计划生育特殊困难家庭做一些倾斜，对被保人健康状况、年龄状况等适当放宽，让有能力购买商业保险的计划生育特殊困难家庭购买相应的商业保险，在一定程度上解决这些家庭的后顾之忧。

（七）切实开通就医绿色通道

就医难也是诸多计划生育特殊困难家庭面临的现实问题，各级医院应切实开通相应的绿色通道，为弱势群体提供快速就医、方便就医、医疗风险分担、看护优先等具体帮扶措施，从另一个层面保障这些特殊困家庭的就医需求。

（八）建立心理健康援助的分类指导

心理健康需求也是我们调查中这些家庭反映出来的明显需求，虽然现有政策中已提及心理健康援助的服务要求，但由于专业心理咨询人员缺乏等原因，针对这些家庭的心理援助尚未真正开展或缺少一定的持续性。我们认为针对不同家庭成员的情况，心理援助也可以采取分类指导的方式。在社区层面，可以在一定时段内增加对某些重点人员的心理健康咨询和辅导的次数，例如独生子女刚过世的家庭，尤其是家中的男性；对"独残"家庭的父母可采取集中咨询和辅导的方式；对其他有特殊需求的家庭，可指定一家正规的心理咨询机构开展相对优惠的一对一服务。

（九）提供专门的性与生殖健康咨询与服务

性与生殖健康是计划生育特殊困难家庭帮扶策略中容易被忽视的内容，尤其是独生子女残障的家庭，因为对残障人本身的了解和认知模式就存在诸多刻板印象和陈规俗见，社会大众甚至很多医务人员都把残障人视为"性无能者"，也没有考虑过他们在性与生殖健康方面正常和特殊的需求，更缺少针对此类人群的必要咨询和合理便利服务。这些特殊人群性与生殖健康权利的实现不仅仅是个体价值和人格尊严的认同，更是社会进步和健康公平性的具体践行。如今计划生育管理和服务部门已不再单独设立，相关的专业性和公益性服务正在逐渐弱化，但性与生殖健康的需求是永恒的需求，是社会应该关注和保障的基本健康服务内容，特别是"失独"和"独残"家庭，他们的此方面需求具有特殊重要的意义。在政策制定中，应加大对弱势或特殊群体需求的关注，在相应的政策和服务范畴中应把"失独"父母和"独残"家庭作为一类特殊群体，可按居住范围指定对口医疗服务机构，培训其医护人员，为计划生育特殊困难家庭提供信息咨询和医学技术服务，并在收费管理中给予一定的优惠政策。

（十）在社区中提供喘息服务

许多计划生育特殊困难家庭承担着繁重的照护任务，尤其是家中女性。许多受访者都提出，希望政府可以开办社区喘息服务，或由政府提供补贴，让家中有生活照料需求的家庭成员可以通过购买短期托养、日间照料服务的方式，暂时的交由他人或其他机构短期照顾，从而让家人可以有自我调整和休息的机会，这不仅有助于缓解计划生育特殊困难家庭的照料压力，也是妇女赋权的重要体现。

此外，有些计划生育特殊困难家庭在家庭意外发生后反而会重构更为紧密的家庭关系，"相依相伴""老来伴"成为他们对家庭关系的重要理解，他们也更愿意选择与家庭成员"相伴终老"。因此，在相关养老服务中，也应进一步完善、规范短期托养照料服务。

(十一)为未成年残障者提供融合教育

融合教育也称为全纳教育,是近年来国际上推动、发展的针对残障人开展的一种新的教育模式。以往的教育理念认为,应该把残障人进行单独隔离的集中安置和教育,融合教育则以社会模式和权利模式为基础,主张社会承认残疾人的个体价值和特点,尊重残疾学生的主体性和能力,让他们能够与普通学生一起接受教育。这不仅更加有利于残疾儿童的身心发展,也有利于消除社会对残疾人的误解、偏见和歧视,更是促进社会公平和和谐融合的实践途径。被访的一些"独残"家庭父母也提出希望自己的孩子能与普通孩子一起接受教育,他们更不愿意孩子从小就被扣上"残疾人"的帽子,永远接受救助和遭受歧视。残疾独生子女的生活生计能力也是年老父母的一大担忧,为这些孩子提供融合教育、个性化就业指导和社工介助服务是缓解其家庭照护压力的重要路径。

二、计划生育特殊困难家庭养老模式设计

基于计划生育特殊困难家庭对养老方式的选择意愿,以及在养老方面的实际困难和切实需求,我们设计了以下两种推荐采纳的养老模式。

(一)社区集中养老模式

在政府主导下,根据计划生育特殊困难家庭不同的经济情况,兼顾城市和农村社区,采取差异化经济补助的方式,在公租房小区建立计划生育特殊困难家庭集中养老社区(见图20)。依托社区,多方参与,在社区的统一协调下,用政府购买服务的方

式，将社会组织、市场、社区卫生服务中心等资源整合，同时鼓励支持，并规范引导社会力量参与，搭建平台，针对计划生育特殊困难家庭的不同需求，为他们提供多样化的服务。运用社会工作的理念，以专业社工的方法和技巧，充分发挥计划生育特殊困难家庭的主观能动性，用抱团取暖的理念，倡导他们成为自我服务的志愿者，在生活上互帮互助，在心理上互相慰藉，相互照料，共同生活。

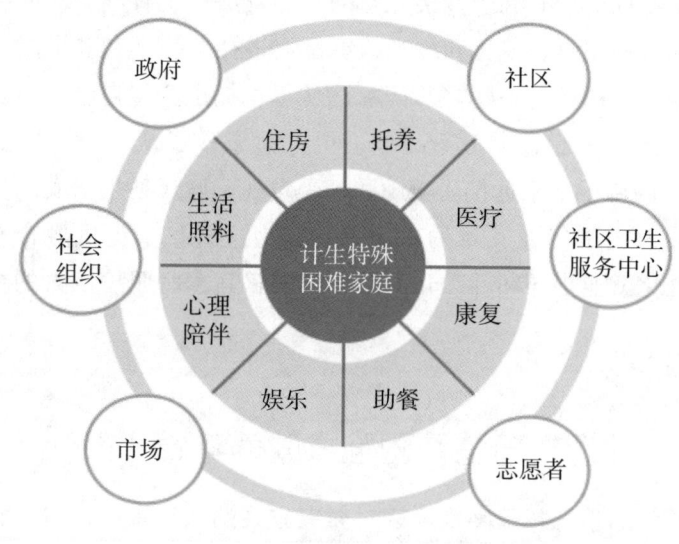

图20　社区集中养老模式

基本思路是"政府主导，社区负责，市场运作，多方参与，邻里互助"，由政府集中为计划生育特殊困难家庭建设保障性租住社区，产权归国有，根据实际情况进行差异化补助，将公共设施提供给市场主体，由市场主体负责运营。通过政府主导和市场资源的整合，完善社区养老服务体系，满足计划生育特殊困难家庭的养老服务需求。

1. 政府层面

政府层面应为计划生育特殊困难家庭养老问题制定基本的保障性政策，政策的制定中应考虑识别不同家庭类型、不同困难和需求，制定差异化的帮扶政策，在政府主导下完成集中养老社区的基本公共设施建设。集中居住的养老模式可以集中政府和社区的资源，为他们提供更好的服务，同时也解决他们的暮年之忧。把计划生育特殊困难家庭的养老扶助列为基本公共服务项目，以政府购买服务的方式交由社区组织和社会组织运作。

2. 社区层面

把为计划生育特殊困难家庭提供居家养老和社会养老的职能列入社区工作职责。社区组织应入户详细了解每一户计划生育特殊困难家庭的困难和需求，并进行分类识别，为每户家庭确定联系人，给他们提供差异化的社区服务。同时对社区内社会组织、志愿者、市场、社区卫生服务中心等服务资源进行整合、统筹协调，并对各方服务进行定期评估，保证服务的质量和可持续。

3. 市场层面

制定优惠政策，鼓励社会资本和相关企业投资社区养老服务，包括居家养老和社区养老服务，在服务中，政府对计划生育特殊困难家庭的服务予以专项补贴，以政府购买服务的形式提供政策扶助，实现此类家庭诸如日常照料、助医助餐、文化娱乐、健康指导、心理慰藉、康复护理等最基本的服务需求。

4. 志愿者服务层面

在集中居住的养老模式中，引入社会组织，发挥社会组织的专业技能和作用，在为计划生育特殊困难家庭提供服务的同时，倡导"助人自助"理念。利用社会组织的资源和经验，从计划生育特殊困难家庭的心理特点出发，鼓励他们参与志愿者服务，成为帮助自己的"志愿者"，以同命人的心态让他们得到来自同伴的慰藉、心理交流和日常帮扶，同时也为他们搭建了一个互助关怀、抱团取暖的环境。

（二）老残一体的家庭式养老模式

对于独生子女重疾、重残家庭，应该采取"老残一体"的养老模式。在社会对老人的关注中，老残一体的家庭很容易被忽视，"谁陪我的孩子终老"是这类家庭最关注的问题，也是他们最迫切的需求。在我们的调查中，"抱团取暖"几乎是这类家庭最多的社交方式，他们在医疗、照料方面的需求更为迫切。根据这类家庭的需求，可以在政府的主导下，整合养老、助残资源，由政府扶持，采取家庭式机构养老的模式，让重疾、重残成年子女与父母一起入住养老机构。根据其家庭经济情况由政府提供差异化经济补助的同时，从政府角度出台"遗产托管"办法，帮助特殊困难家庭将家庭资产合法托付相关机构，作为子女终身托养的费用；对"失独"家庭也可以由政府出面组织，帮助他们通过"以房养老"等方式，把家庭不动产用于改善他们的暮年生活，提高余生的生活质量。

参考文献

1. ALWIN D F, CONVERSE P E, MARTIN S S. Living arrangements and social Integration[J]. Journal of Marriage and the Family, 1985(2).

2. BEAVERS W R and VOELLER M N. Family models: comparing and contrasting the Olson Circumplex Model with the Beavers Systems Model[J]. Family Process, 1983 (22).

3. BHAT B A. Gender earnings and poverty reduction: post-communist Uzbekistan [J]. Journal of Asian and African Studies, 2011(6).

4. CHAMBERS R. Vulnerability, coping and policy [J]. IDS Bulletin, 1989(2).

5. CONWAY-GIUSTRA F, CROWLEY A, GORIN S H. Crisis in caregiving: a call to action[J]. Health & Social Work, 2002, 27(4): 307 –311.

6. DAHLGREN G. Health and Health Care Within the Context of Comprehensive Strategies for Poverty Reduction: An International Outlook[R]. Hanoi: Ministry of Health, 2003.

7. EPSTEIN N B, BISHOP D S, LEVIN S. The McMaster model of family functioning[J]. Journal of Marriage and Family Counseling, 1978(4).

8. EPSTEIN N B, BALDWIN L M and BISHOP D S. The McMaster Family Assessment Device[J]. Journal of Marital and Family Therapy, 1983(9).

9. MURDOCK G P. Social Structure [M]. New York: The Macmillan Company, 1949.

10. KERR M E and BOWEN M. Family Evaluation: An Approach Based on Bowen Theory[M]. New York: W. W. Norton & company, 1988.

11. KLEINMAN A. Caregiving as moral experience [J]. The Lancet, 2012, 380(9853): 1550 – 1551.

12. KLEINMAN A. The art of medicine: caring for memories[J]. The Lancet, 2016, 387(10038): 2596 – 2597.

13. LEWIS O. The culture of poverty [J]. Scientific American, 1996, 215(4): 19 – 25.

14. MARJORIE E. Starrels, Sally Bould and Leon J. Nicholas. The feminization of poverty in the United States: gender, race, ethnicity, and family factors[J]. Journal of Family Issues, 1994(4).

15. MARKS S R . Multiple roles and role strain: some notes on human energy, time and commitment [J]. American Sociological Review, 1977, 42(6): 921 – 936.

16. MOYO C S. Active participation of rural women in developmental Issues: poverty alleviation lessons for South Africa [J]. Gender and Behaviour, 2014(1).

17. OLSON D H, SPRENKLE O H and RUSSELL C S. Circumplex model of marital and faminly systems: l. cohesion and adaptability dimensions, family types and clinical applications[J]. Fanily Process, 1979(1): 3 – 28.

18. SHEK D T. Family functioning and psychological well-being, school adjustment, and problem behavior in Chinese adolescents with and without economic disadvantage [J]. Journal of Genetic Psychology, 2002 (4).

19. SKINNER H, STEINHAUER P and SITARENIOS G. Family Assessment Measure(FAM) and Process Model of Family Functioning[J]. Joarnal of Family Therapy, 2000(2).

20. 阿尔弗雷德·阿德勒. 阿德勒心理学讲义[M]. 吴书榆, 译. 广州: 广东人民出版社, 2016.

21. 阿马蒂亚·森. 贫困与饥荒——论权利与剥夺[M]. 王宇, 王文玉, 译, 商务印书馆, 2016.

22. 艾靓, 胡苏敏, 徐丹露. 共生理论视角下残疾人社会融合研究[J]. 残疾人研究, 2015(2).

23. 岸见一郎. 像阿德勒一样思考和生活[M]. 郑舜珑, 译. 上海: 上海文化出版社, 2018.

24. 本尼迪克特·安德森. 想象的共同体——民族主义的起源与散布[M]. 增订版. 上海: 吴叡人, 译. 上海: 上海人民出版社, 2011.

25. 蔡聪, 崔凤鸣. 从"不可能"到"不一样"DPO领导力手册[R]. 上海有人公益基金会, 2018.

26. 曹秉玉, 胡蕾, 王仁峰, 等. 独生子女精神分裂症患者父母的心理健康状况对照[J]. 中国临床康复, 2005(7).

27. 陈爱学, 苏雅芳. 精神病患者家属心理应激与家庭负担和心理健康状况的相关性研究[J]. 护理与康复, 2015(4).

28. 陈恩. 全国"失独"家庭的规模估计[J]. 人口与发展, 2013(6).

29. 陈立中. 转型时期我国多维度贫困测算及其分解[J]. 经济评论, 2008(5).

30. 陈协平, 丁芳. 失独老人社会保障体制探究[J]. 湖北警官学院学报, 2013(6).

31. 陈宁."全面两孩"政策背景下计划生育利益导向政策的

完善[J]. 人口与社会, 2017, 33(02): 94-101.

32. 崔娟. 抱团养老: 老工业城市养老模式的探索[J]. 老龄化研究, 2017(2).

33. 邓伟志, 徐新. 当代中国家庭变革动因之探析[J]. 学海, 2000(6).

34. 邓志伟, 徐榕. 家庭社会学[M]. 北京: 中国社会科学出版社, 2001.

35. 董丽红. 失独家庭养老问题的思考[J]. 绥化学院学报, 2012(6).

36. 段庆林, 吴光春. 我国城乡居民消费行为的比较研究[J]. 市场与人口分析, 1999(2).

37. 方曙光. 社会断裂与社会支持[J]. 人口与发展, 2013(5).

38. 斐迪南·滕尼斯. 共同体与社会[M]. 林荣远, 译. 北京: 商务印书馆, 1999.

39. 费孝通. 乡土中国[M]. 北京: 北京出版社, 2011.

40. 费孝通. 乡土中国 生育制度[M]. 北京: 北京大学出版社, 1998.

41. 嘎日达, 黄匡时. 西方社会融合概念探析及其启发[J]. 理论视野, 2008(1).

42. 辜子寅. 我国独生子女及失独家庭规模估计——基于第六次人口普查数据的分析[J]. 常熟理工学院学报, 2016(1).

43. 郭庆, 孙建娥. 从拔根到扎根: 家庭抗逆力视角下失独家庭的养老困境及其干预[J]. 社会保障研究, 2015(4).

44. 国家卫生计生委家庭司. 中国家庭发展报告2016[R]. 北京: 中国人口出版社, 2016.

45. 何丽, 唐信峰, 朱志勇, 等. 殇痛: 失独父母哀伤反应的质性研究[J]. 中国临床心理学杂志, 2014(5).

46. 侯秀梅, 钱丽菊, 刘利. 独生子女精神病患者家属总体幸福感及其相关因素研究[J]. 精神医学杂志, 2016(3).

47. 侯秀丽. 加强失独群体心理疏导的思考[J]. 桂林师范高等专科学校学报, 2015(1).

48. 黄炯华, 林雨, 黄文群. 江西省城市独生子女伤残、死亡家庭父母养老需求调查结果分析——基于社会问卷调查的数据[J]. 商, 2014(39).

49. 黄匡时, 嘎日达. 社会融合理论研究综述[J]. 新视野, 2010(6).

50. 黄忠晶. "绝对贫困与相对贫困"辨析[J]. 天府新论, 2004(2).

51. 惠永强, 康越. 不同类型失独家庭的社会保障政策困境与解决路径[J]. 北京化工大学学报(社会科学版), 2018(1).

52. 贾春增. 外国社会学史[M]. 北京: 中国人民大学出版社, 1989.

53. 蒋慧, 王芳. 社区失独家庭养老困境分析及解决对策[J]. 全科护理, 2013(6).

54. 康金娉, 浦纯钰. 老龄化社会背景下老年人意定监护制度研究[J]. 中国集体经济, 2019(6).

55. 李静. 城市伤残或死亡独生子女家庭养老困境及对策[J]. 长沙民政职业技术学院学报, 2015(03).

56. 李孟莹, 孙馨, 周茜, 等. 失独家庭养老困境及对策探讨[J]. 法制与社会, 2016(12).

57. 李强. 社会支持与个体心理健康[J]. 天津社会科学, 1998(1).

58. 李强. 绝对贫困与相对贫困[J]. 中国社会工作, 1996

(5).

59. 李松柏,于鹏程. 中国弱势群体的成因、危害及对策[J]. 发展研究,2009(3).

60. 李天蓉. 四川攀枝花市仁和区失独及独生子女伤残家庭现状调查分析[J]. 中国计划生育和妇产科,2015(10).

61. 李洋洋,修柏慧. 浅谈失独老人赡养问题[J]. 才智,2013(14).

62. 李怡心."倒三角形坍塌"下的失独之痛及出路研究[J]. 社会科学论坛,2014(10).

63. 李泽. 城市独生子女伤残、死亡家庭情况及其父母养老问题研究综述[J]. 湖北成人教育学院学报,2012(5).

64. 梁明辉,张黎,巩新鹏,等. 失独者心理健康状况初探——以50例失独父母SSRS与K10的网络调查为例[J]. 中国农村卫生事业管理,2013(12).

65. 廖芮,严朝芳,邓睿. 家庭功能理论视域下的计划生育特殊困难家庭问题探讨[J]. 大家健康,2017(4).

66. 林顺利,孟亚男. 国内弱势群体社会支持研究述评. 甘肃社会科学[J]. 2010(1).

67. 蔺际俨. 我国失独家庭现状及对策分析[J]. 西江月,2012(21).

68. 刘芳. 慢性精神疾病患者的家庭韧力研究[D]. 昆明:云南大学,2012.

69. 刘腊梅,张广磊. 家庭功能研究现状分析[J]. 护理研究,2010(5).

70. 柳志艳. 勇敢地生活下去——呼唤社会关注失独者群体[J]. 学理论,2012(20).

71. 芦亚微. 社会控制视角下的失独家庭集体上访事件研究

[D]. 保定：河北大学，2015.

72. 罗纳德·理查森. 超越原生家庭[M]. 牛振宇，译. 北京：机械工业出版社，2018.

73. 马效芝，郭平. 精神科住院患者亲属的心理健康状况[J]. 中国临床康复，2003(15).

74. 穆光宗. 独生子女家庭的权益保障与风险规避问题[J]. 南方论丛，2009(3).

75. 穆光宗."独生子女"风险论[J]. 绿叶，2009(8).

76. 潘允廉. 试论费孝通的家庭社会学思想和理论——纪念费孝通先生诞辰100周年[J]. 天津社会科学，2010(2).

77. 潘泽泉. 现代家庭功能的变迁趋势研究[J]. 学术交流，2005(1).

78. 冉文伟，陈玉光. 失独父母的养老困境与社会支持体系构建[J]. 新视野，2015(3).

79. 尚淑萍. 建立救助计划生育特殊困难家庭档案初探[J]. 档案，2005(5).

80. 尚秀华. 家庭功能研究综述[J]. 黑龙江科技信息，2010(6).

81. 邵秦，胡明霞. 中国家庭结构历史分析[J]. 中国人口科学，1988(4).

82. 宋文姬. 中国家庭结构与结构模式变革的思考[J]. 内蒙古农业大学学报(社会科学版)，2011(6).

83. 宋莹. 风险社会视角下失独家庭的困境探析[J]. 呼伦贝尔学院学报，2016(02).

84. 苏向东. 中国"失独家庭"之痛谁来抚慰[N]. 中国观察，2012.07.30.

85. 苏银花，段功香. 家庭功能评定量表及临床应用进展

[J]．护理研究，2008(20)．

86. 孙桂燕．社会性别视角下中国妇女权利[M]．南昌：江西人民出版社，2013．

87. 孙隆基．中国文化的深层结构[M]．北京：中信出版社，2015．

88. 孙炜红．失独家庭养老困境研究[J]．四川理工学院学报（社会科学版），2014(4)．

89. 谭琳，陈卫民．女性与家庭——社会性别视角的分析[M]．天津人民出版社，2001．

90. 唐铮尚，雪松．"失独者"之心理剖析与对策分析[J]．吉林广播电视大学学报，2014(1)．

91. 王广州，郭志刚，郭震威．对伤残死亡独生子女母亲人数的初步测算[J]．中国人口科学，2008(01)．

92. 王欢欢．农村独生子女家庭生活照料的困境研究——以山东省C镇为例[D]．上海：华东理工大学，2014．

93. 王森．论失独家庭困境及对策分析[J]．佳木斯职业学院学报，2016(8)．

94. 王秀银，胡丽君，于增强．一个值得关注的社会问题：大龄独生子女意外伤亡[J]．中国人口科学，2001(6)．

95. 王跃生．当代中国家庭结构变动分析[J]．中国社会科学，2006(1)．

96. 乌尔里希·贝克．风险社会——新的现代性之路[M]．张文杰，何博闻，译．南京：译林出版社，2018．

97. 吴帆，李建民．家庭发展能力建设的政策路径分析[J]．人口研究，2012(4)．

98. 向德平，周晶．失独家庭的多重困境及消减路径研究——基于"风险—脆弱性"的分析框架[J]．吉林大学社会科学学报,2015(11).

99. 肖桐. 失独家庭的家庭功能失调与个案介入[D]. 南京:南京理工大学,2017.

100. 肖云,杨光辉. 优势视角下失独老人的养老困境及相应对策[J]. 人口与发展,2014(1).

101. 肖子华. 人口流动与社会融合理论、指标与方法[M]. 北京:社会科学文献出版社,2018.

102. 谢尔登·所罗门,杰夫·格林伯格,汤姆·匹茨辛斯基. 怕死:人类行为的驱动力[M]. 陈芳芳,译. 北京:机械工业出版社,2016.

103. 谢勇才. 特别监护人制度:解决失独父母签字难问题的根本出路[J]. 山东社会科学,2016(6).

104. 阎云翔. 私人生活的变革:一个中国村庄里的爱情、家庭与亲密关系:1949-1999[M]. 上海:上海书店出版社,2006.

105. 杨宏伟,汪闻涛. 失独家庭的缺失与重构[J]. 重庆社会科学,2012(11).

106. 杨景欣,陈华. 社会工作视角下的失独家庭问题解决路径[J]. 企业导报,2013(23).

107. 杨菊华,何炤华. 社会转型过程中家庭的变迁与延续[J]. 人口研究,2014(2).

108. 杨魁孚,陈胜利,魏津生. 中国计划生育效益与投入[M]. 北京:人民出版社,2000.

109. 姚远. 血亲价值论:对中国家庭养老机制的理论探讨[J]. 中国人口科学,2000(6).

110. 姚远. 我国老年人群体的多标志特征及相关政策构建——基于北京市老年残疾人视角[J]. 人口经济,2009(2).

111. 姚兆余,王诗露. 失独老人的生活困境与社会福利政策的应对[J]. 重庆工商大学学报(社会科学版), 2014(4).

112. 佚名. 暮年丧独子他们的余生该何去何从?[N]. 广州日报, 2012-05-09.

113. 易春丽, 钱铭怡, 章晓云. Bowen 系统家庭的理论及治疗要点简介[J]. 中国心理卫生杂志, 2004(1).

114. 易法建. 家庭功能与大学生社会化的研究[J]. 青年研究, 1998(6).

115. 易富贤. 大国空巢——走入歧途的中国计划生育[M]. 北京: 中国发展出版社, 2013.

116. 尤佳. "失独家庭"之痛谁来抚慰[J]. 祖国, 2012(22).

117. 余秋雨. 北大授课: 中国文化四十七讲[M]. 北京: 北京联合出版公司, 2013.

118. 喻胜华. 我国城乡居民消费行为的比较研究[J]. 中南财经政法大学学报, 2012, 191(2).

119. 袁嘉荫, 刘七生. 寂寞的消解: 失独家庭重构研究[J]. 山东工商学院学报, 2018(2).

120. 张前龙, 刘浩波, 张斌斌. 失独家庭面临的困境及对策分析[J]. 管理观察, 2016(17).

121. 张瑞强. 家庭社会学新论[M]. 石家庄: 河北人民出版社, 2014.

122. 张维庆. 以人的全面发展统筹解决我国人口问题——关于人口热点问题的问与答[J]. 求是, 2006(9).

123. 张文新. 青少年发展心理学[M]. 济南: 山东人民出版社, 2003.

124. 赵仲杰. 城市独生子女伤残、死亡给其父母带来的困境及对策——以北京市宣武区调查数据为依据[J]. 南京人口管理干部学院学报, 2009(2).

125. 郑新蓉. 社会性别与妇女发展[M]. 西安：陕西人民教育出版社, 2000.

126. 郑晶月, 论我国新型成人意定监护制度的体系化建构[J]. 牡丹江大学学报, 2019(7).

127. 钟华. 家庭结构疗法的理论及发展[J]. 华中师范大学研究生学报, 2004(2).

128. 周伟, 米红. 中国失独家庭规模估计及扶助标准探讨[J]. 中国人口科学, 2013(05).

129. 周长洪. 中国家庭结构变化的几个特征及其思考[J]. 南京人口管理干部学院学报, 2013(10).

130. 朱国奎, 缪金生. 精神分裂症患者的家庭照料负担研究[J]. 四川精神卫生, 2006(1).

131. 祝菡. 结构式家庭治疗的理论及其应用评析[J]. 社会心理科学, 2007(3).